QUANDO AS CORTINAS SE FECHAM

De Paul Stanley
UMA VIDA SEM MÁSCARAS

★ PAUL STANLEY ★

QUANDO AS CORTINAS SE FECHAM
MINHA VIDA ALÉM DO PALCO

DO ORIGINAL BACKSTAGE PASS

ALTA LIFE
EDITORA

Rio de Janeiro, 2021

Quando as Cortinas se Fecham: Minha Vida Além do Palco
Copyright © 2021 da Starlin Alta Editora e Consultoria Eireli. ISBN: 978-85-508-1570-1

Translated from original Backstage Pass. Copyright © 2019 by Paul Stanley. ISBN 9780062820280. This translation is published and sold by permission of HarperOne, an imprint of HarperCollins Publishers, the owner of all rights to publish and sell the same. PORTUGUESE language edition published by Starlin Alta Editora e Consultoria Eireli, Copyright © 2021 by Starlin Alta Editora e Consultoria Eireli.

Todos os direitos estão reservados e protegidos por Lei. Nenhuma parte deste livro, sem autorização prévia por escrito da editora, poderá ser reproduzida ou transmitida. A violação dos Direitos Autorais é crime estabelecido na Lei nº 9.610/98 e com punição de acordo com o artigo 184 do Código Penal.

A editora não se responsabiliza pelo conteúdo da obra, formulada exclusivamente pelo(s) autor(es).

Marcas Registradas: Todos os termos mencionados e reconhecidos como Marca Registrada e/ou Comercial são de responsabilidade de seus proprietários. A editora informa não estar associada a nenhum produto e/ou fornecedor apresentado no livro.

Impresso no Brasil — 1ª Edição, 2021 — Edição revisada conforme o Acordo Ortográfico da Língua Portuguesa de 2009.

Produção Editorial	**Produtor Editorial**	**Coordenação de Eventos**	**Equipe de Marketing**
Editora Alta Books	Thiê Alves	Viviane Paiva	Livia Carvalho
		eventos@altabooks.com.br	Gabriela Carvalho
Gerência Editorial		**Assistente Comercial**	marketing@altabooks.com.br
Anderson Vieira		Filipe Amorim	**Editor de Aquisição**
Gerência Comercial		vendas.corporativas@altabooks.com.br	José Rugeri
Daniele Fonseca			j.rugeri@altabooks.com.br
Equipe Editorial	Rodrigo Ramos	**Equipe de Design**	**Equipe Comercial**
Ian Verçosa	Thales Silva	Larissa Lima	Daiana Costa
Illysabelle Trajano		Marcelli Ferreira	Daniel Leal
Luana Goulart		Paulo Gomes	Kaique Luiz
Maria de Lourdes Borges			Tairone Oliveira
Raquel Porto			
Tradução	**Revisão Gramatical**	**Revisão Técnica**	**Diagramação**
Carolina Gaio	Alessandro Thomé	Marcelo Vieira	Luisa Maria Gomes
	Hellen Suzuki	Jornalista e crítico musical	
Copidesque			**Capa**
Jana Araujo			Larissa Lima

Publique seu livro com a Alta Books. Para mais informações envie um e-mail para autoria@altabooks.com.br

Obra disponível para venda corporativa e/ou personalizada. Para mais informações, fale com projetos@altabooks.com.br

Erratas e arquivos de apoio: No site da editora relatamos, com a devida correção, qualquer erro encontrado em nossos livros, bem como disponibilizamos arquivos de apoio se aplicáveis à obra em questão.

Acesse o site www.altabooks.com.br e procure pelo título do livro desejado para ter acesso às erratas, aos arquivos de apoio e/ou a outros conteúdos aplicáveis à obra.

Suporte Técnico: A obra é comercializada na forma em que está, sem direito a suporte técnico ou orientação pessoal/exclusiva ao leitor.

A editora não se responsabiliza pela manutenção, atualização e idioma dos sites referidos pelos autores nesta obra.

Ouvidoria: ouvidoria@altabooks.com.br

Dados Internacionais de Catalogação na Publicação (CIP) de acordo com ISBD

S787q   Stanley, Paul
          Quando as Cortinas se Fecham: Minha Vida Além do Palco / Paul Stanley ; traduzido por Carolina Gaio. - Rio de Janeiro : Alta Books, 2021.
          240 p. ; 16cm x 23cm.

          Tradução de: Backstage Pass
          ISBN: 978-85-508-1570-1

          1. Biografia. 2. Paul Stanley. I. Gaio, Carolina. II. Título.

2021-423   CDD 158.1
                                                     CDU 159.947

Elaborado por Vagner Rodolfo da Silva - CRB-8/9410

Rua Viúva Cláudio, 291 — Bairro Industrial do Jacaré
CEP: 20.970-031 — Rio de Janeiro (RJ)
Tels.: (21) 3278-8069 / 3278-8419
www.altabooks.com.br — altabooks@altabooks.com.br
www.facebook.com/altabooks — www.instagram.com/altabooks

Ao meu pai, por ter deixado
o melhor de si para o fim

AGRADECIMENTOS

Primeiro, e acima de tudo, agradeço incomensuravelmente à minha incrível esposa, Erin, e aos quatro filhos mais fantásticos com que fui abençoado... Evan, Colin, Sarah e Emily. Vocês são tudo que sou e a melhor parte da minha vida, e, sem vocês, perco o chão.

Tenho muitas pessoas a agradecer. Assim, para não correr o risco de me esquecer de alguém, farei isso de forma sucinta.

Meu colaborador, amigo e parceiro em *Quando as Cortinas se Fecham — Minha Vida Além do Palco* e em *Uma Vida sem Máscaras*: Tim Mohr.

Meu agente literário e voz de confiança de ambos os meus livros: Roger Freet.

Minha editora da HarperOne: Hilary Swanson.

AGRADECIMENTOS

Minha equipe de publicidade: Suzanne Wickham, da Harper, e Kristen Foster, da PMK.

Por último, e certamente não menos importante, a vocês, que vêm comigo nesta aventura que é minha música, minha arte, meu trabalho no teatro e meus textos, de modo geral. Sou profundamente grato pelo incentivo e apoio. Deposito essa mesma fé em vocês e acredito que todos podemos ser melhores amanhã do que somos hoje. Encontre o que o move libertando-se das amarras e só olhe para trás se for para ver até onde chegou.

Nós nos reencontraremos.

SOBRE O AUTOR

Com seu primeiro livro, *Uma Vida sem Máscaras*, Paul Stanley acrescentou outro mérito à sua longa e ilustre lista de realizações artísticas: best-seller do *New York Times*. Stanley cofundou a banda KISS, em Nova York, em 1973, e, desde então, é vocalista e guitarrista, além de ter criado várias capas para os álbuns, figurinos e sets de shows e composto seus maiores sucessos. O KISS tem mais discos de ouro do que qualquer outra banda norte-americana da história e já vendeu mais de 100 milhões de cópias em todo o mundo. Stanley e seus parceiros entraram para o Rock and Roll Hall of Fame em 2014. Pintor renomado, suas comissões e aquisições artísticas ultrapassam US$10 milhões em vendas, muitas vezes com obras pré-vendidas para colecionadores de todo o mundo. Stanley tem carreira solo, é líder da banda Soul Station, um dos fundadores dos restaurantes Rock & Brews e ávido defensor de causas filantrópicas, como o Wounded Warrior Project, que auxilia veteranos de guerra. Ele vive em Los Angeles com sua esposa, Erin, e seus quatro filhos.

SOBRE O COLABORADOR

Tim Mohr é autor de *Burning Down the Haus*, a história do punk rock da Alemanha Oriental e do papel dos músicos dissidentes na derrubada do Muro de Berlim. Também é tradutor premiado de romances alemães de autores como Alina Bronsky, Wolfgang Herrndorf e Charlotte Roche, e colaborou com as memórias de Gil Scott-Heron, Duff McKagan e Joe Walsh. Seus textos marcaram presença no *New York Times*, na *Inked* e no *Daily Beast*, entre outras publicações, e foi editor da *Playboy* por anos, na qual editou escritores como Hunter S. Thompson, John Dean e George McGovern. Antes de iniciar a carreira de escritor, era DJ de uma boate em Berlim. Também colaborou com Stanley em *Uma Vida sem Máscaras*.

SUMÁRIO

Introdução   1

PARTE UM
CARREIRA E SUCESSO

1. Deixe o passado no passado   11
2. Cobre a si mesmo, mas seja sempre seu maior fã   21
3. O sucesso começa com a compreensão da diferença entre sonho e fantasia   31
4. Otimismo combativo   43
5. A regra é não ter regras   51
6. Domine seus atos, domine seus resultados   63

PARTE DOIS
RELACIONAMENTOS E FAMÍLIA

7. Viva para os outros e viva para sempre   79
8. A vida vale a pena quando você mostra aos outros que ela tem sentido   87

SUMÁRIO

9   Derrube as barreiras e vá mais longe   99

10 Dedique-se mais, não castre seus sonhos   111

11 Abrace seus objetivos e vá à luta   119

PARTE TRÊS
IDENTIDADE, SAÚDE E FELICIDADE

12 Repense a lista de promessas   133

13 Escolha suas batalhas para vencer mais vezes   141

14 Encontre o verdadeiro sentido das realizações e se apaixone todos os dias   153

15 Seja vaidoso, não narcisista   165

16 Tenha orgulho do que faz, tenha orgulho de si mesmo   179

17 Siga em frente, a jornada é para sempre   195

Coda   217

Adendo   223

INTRODUÇÃO

Houve uma época em que eu queria que meu pai morresse.

Antes de minha mãe falecer, meu pai não era uma pessoa legal. Era alguém muito irritado e difícil. Então, eu desejava que ele não estivesse por perto — e sua morte parecia uma solução rápida para as desavenças que aconteciam entre minha mãe e ele e para sua presença nociva.

Mas tive sorte: após a publicação do meu primeiro livro, *Uma Vida sem Máscaras*, sou feliz por ter chegado a um ponto em que posso dizer ao meu pai: "Queria que você estivesse aqui para sempre."

Ele vai fazer 99 anos, e, nos últimos anos, em vez de ficar sobrecarregado com as memórias negativas, vivi momentos dos quais sentirei muita falta.

Foi difícil para meu pai ler *Uma Vida sem Máscaras*, porque falei abertamente sobre o tormento que vivi quando criança, a falta de apoio em casa e os problemas entre meus pais — as brigas constantes e a falta de afeto. Desde o lançamento daquele livro, às vezes me pego lembrando situações com meu pai das quais ele não se lembra — mas que eram boas. Ele me levava à ópera, por exemplo. E me levava a museus. Assim, embora não se conectasse comigo em nível emocional, ele me levava a lugares que me fizeram ser quem sou — as qualidades e os defeitos.

O que não mencionei em *Uma Vida sem Máscaras* foi o fato de que, apesar de suas falhas, meu pai era bem-intencionado. No passado, eu considerava isso irrelevante. Mas hoje percebo que fez a diferença — e também que posso aprender com isso.

Para mostrar isso a meu pai, lembrei-o de uma época em que eu devia ter oito ou nove anos e lhe pedi uns óculos de sol. Eu disse a ele que queria comprá-los na lanchonete que ficava na esquina do nosso prédio. E ele disse: "Não, eu lhe darei óculos *bons*." Então encomendou um par de óculos de sol de boa qualidade de um optometrista, o que, infelizmente, saiu pela culatra, porque, quando os vi, detestei. Sentei-me com ele depois que o *Uma Vida sem Máscaras* saiu e disse: "Lembre-se, você me deu óculos bons."

O que melhorou nosso relacionamento foi estabelecer limites, pois isso cria um grau de respeito próprio e pelas outras pessoas. Não podemos permitir que ninguém nos engane, diminua nossa autoestima ou nos trate de uma forma que julgamos inaceitável. É bom definir as regras para as interações: avisar às pessoas o que é aceitável e o que não é. Isso não significa criar um método para domesticar as pessoas,[1] mas se mostra quando os outros percebem a maneira como lidamos com situações que os envolvem e como lidamos com eles. Falei tudo isso para o meu filho Evan e acredito que é algo fundamental.

No começo, meus pais ficaram chocados com a ideia de eu lhes dizer que algo que pensavam era inaceitável, ou que eu desligasse o telefone

---

[1] No original, "reading them the riot act", em referência figurativa ao ato de 1714 aprovado pelo governo britânico para aplacar vândalos. [N. da T.]

em uma ligação com meu pai se achasse que ele estava se excedendo. Ele ligava de volta e dizia: "Você desligou na minha cara!" E eu dizia: "Sim, eu lhe disse que falar assim comigo é inaceitável."

Em todos os relacionamentos, é importante preservar e proteger nosso respeito próprio.

Mesmo assim, sou um forte defensor de aparar o máximo de arestas possível. Durante minha vida, sempre busquei eliminar cenários mal resolvidos, do tipo "como teria sido". Prefiro discutir essas coisas. Ver meu pai aos 98 significa que todo dia é instável e uma incógnita. Para nosso bem, meu e dele, não é hora de deixar coisas não ditas.

Conversar com meu pai sobre sua morte é chover no molhado. Não é segredo para ele que seus dias estão contados. Ele tem uma visão controversa disso: diz que viveu muito tempo e todas as pessoas que conheceu já morreram. Ao que eu respondo: "Elas gostariam de estar no seu lugar." Mas, quando não está bem, vai ao hospital e depois diz: "Rapaz, foi por pouco."

Então, por um lado, ele diz que não deveria estar aqui; mas por outro, de alguma forma, quer estar aqui.

É bem ruim evitarmos falar sobre a morte. E nas conversas que tive com meu pai sobre isso, percebi que precisava dizer a ele que seus netos sentiriam sua falta e, por mais óbvio e infantil que pareça, que eu também sentiria. Que sentirei falta dele e que gostaria que ele ficasse aqui para sempre.

Na noite em que decidi abordar esse tópico com meu pai, não quis deixar para o dia seguinte porque eu não sabia quantos amanhãs teríamos. A mudança em nosso relacionamento precisava ficar explícita. Então eu disse a ele: "Você sabe, vou sentir sua falta."

Isso tudo representa uma mudança descomunal. Eu não poderia ter dito isso a ele há cinco anos, porque cinco anos atrás eu não o apoiava. Mas, agora, eu precisava lhe dizer isso, e não queria acabar pensando o mesmo que tantas pessoas em situações análogas, depois que é tarde demais: *Eu gostaria de ter dito quando tive a chance.*

Eu tive a chance e não a deixei passar.

Isso é algo muito legal neste capítulo da minha vida. Não que nossas conversas apaguem o passado, mas, em vez de ficarem cheias de amargura ou lembranças ruins, gosto de estar perto da pessoa que meu pai se tornou. Ele aprendeu a ser solidário, o que me deixa muito feliz.

Acho que isso se liga a outra coisa que percebi: meu pai permanecerá. Sim, me lembrarei dos momentos que não foram tão bons, mas também de que colocamos os pingos nos is. Isso é muito bom. É maravilhoso.

Isso é um presente.

Meu pai é uma pessoa muito mais amigável — ainda assombrado por seus demônios e pela culpa, mas agradável e gentil. Estabelecer limites para outras pessoas nos permite decidir o que é aceitável e o que não é. E verbalizar meus limites para meu pai, deixando claro para ele o que é aceitável e o que não é, foi provavelmente o início da transformação entre nós. Hoje em dia, meu pai me dá muito apoio e acompanha meu projeto musical paralelo, o Soul Station. Ele pergunta como vão os shows e minhas exposições de arte. Ele comenta sobre as coisas que faço. E, não importa quantos anos tenhamos, todos queremos a aprovação de nossos pais.

No passado, quando meu pai reconhecia minhas realizações, se é que havia alguma, era sempre permeado de muita inveja e ressentimento. Ver seu reconhecimento verdadeiro é uma bênção, porque sua vida — ele sabe, e eu sei — está chegando ao fim.

Portanto, sou abençoado.

Sou abençoado por poder dizer a ele que o amo e que sentirei sua falta. É algo que eu não esperava, e que nunca tinha sentido; não fazia parte de mim quando escrevi *Uma Vida sem Máscaras*. É uma vitória.

Eu não quero que meu pai morra. Agora tenho a sorte de poder dizer a ele que *gostaria que não morresse* e que estivesse sempre aqui. É um presente para ele, mas talvez seja um presente ainda maior para mim, porque eu permanecerei. Consegui aparar as arestas.

O final de *Uma Vida sem Máscaras* parece o fim. Mas o fim derradeiro não existe. Há sempre um novo fim. E um novo começo.

Encontrar ambos é o objetivo deste livro. Se você é jovem e visualiza um novo caminho que o levará a um final melhor, ou se está mais adiantado na estrada e quer projetar um futuro diferente, este livro é o passe de acesso completo ao que tenho aprendido. Espero que lhe sirva bem.

Quem não gosta desse passe mítico para os bastidores? No rock and roll, o passe para os bastidores é o ingresso dourado. É o passe que permite ver o que a maioria das pessoas nunca tem a chance de ver — o funcionamento interno; o passe que permite que você veja por trás das cortinas e vislumbre o verdadeiro Mágico de Oz. O passe para os bastidores lhe permite ver toda a dedicação e a lascívia com que todos fantasiam. Mas quanto dessa fantasia é realidade?

Na vida, muitas vezes ansiamos por algo e o procuramos, para, no fim, sermos surpreendidos pela realidade. Mas aí está o presente. Nada é o que parece, e a realidade transforma muito mais a vida do que nossas fantasias.

Agora você tem em suas mãos o passe para os bastidores, uma chance de finalmente conhecer o bom, o mau e o feio[2] — e esperamos que seja o mais sábio o suficiente para compreendê-los.

Este livro explica minha abordagem do sucesso e de viver uma boa vida. É uma abordagem para ter mente e corpo mais saudáveis, e uma vida mais plena e gratificante. E você nem precisa se vestir de Yoda.

Claro, a ideia de boa vida é particular. Para alguns, pode significar rir mais com os filhos; para outros, uma boa taça de vinho italiano. E, embora eu goste das duas coisas, as especificidades não importam. É uma abordagem da vida. E essa abordagem funciona para mim.

As lições que aprendi — que estão neste livro — são reais. Mas não estou aqui para ditar que este é o caminho para o sucesso. Estou aqui para lhe dizer que você pode encontrar o próprio caminho para o sucesso — que já está em você. Todo mundo tem um destino ou uma direção a seguir, que pode buscar e conquistar, ou não. Então não estou aqui para palestrar; estou aqui para motivar. Estou aqui para explicar o que fiz e como — e como *você* também pode fazer.

---

[2] Referência ao filme de faroeste *Il buono, il brutto, il cattivo*, com Clint Eastwood, lançado no Brasil como *Três Homens em Conflito*, cujo título foi parafraseado pelo músico italiano Luciano Ligabue na música "Il suono, il brutto e il cattivo". [N. da T.]

Claro, seria presunção de minha parte dizer-lhe como lidar com sua vida pessoal. Afinal, nunca vivi um dia sendo você. Tudo o que posso fazer é dizer o que fiz, e espero que sirva como roteiro ou modelo para ajudá-lo a descobrir quem você é. Eu não tive roteiro e, como resultado, cometi muitos erros. Aprendi muito com esses erros, mas posso poupá-lo de cometê-los para que você crie um plano pessoal eficaz.

Não sou terapeuta. Não sou preparador físico. Não sou médico. Mas não acho que o autoaperfeiçoamento seja algo complexo. Com um pouco de orientação e apoio, podemos fazer isso juntos.

Também não estou aqui para lhe dizer para fazer algo que não queira — afinal, só temos o potencial de mudar a nós mesmos. Mas estou aqui para fazer isso com você, para servir de guia. Estou aqui para mostrar como você pode estabelecer uma perspectiva eficaz, que influenciará todos os aspectos de sua vida.

Algo que descobri — humilhante para quem acredita que pode mudar quase tudo — é que não posso mudar as outras pessoas. Então, *eu* não mudarei você. A ideia é *você* mudar a si mesmo.

Porque, se quiser mudar, você pode.

PARTE UM

CARREIRA E SUCESSO

1
DEIXE O PASSADO NO PASSADO

No meio do ano passado, voltei à West 211th Street, no extremo norte de Manhattan, ao apartamento de um quarto em que cresci. Não tinha sido um lar feliz, usando um eufemismo. Eu não ia àquele prédio há 60 anos. Tentei ir lá uma ou duas vezes e não me senti bem em nenhuma delas.

Dessa vez, eu tinha um motivo específico: minha esposa, Erin, meu filho mais velho, Evan, e os três mais novos — Colin, 12 anos; Sarah, 10; e Emily, 7 — estavam comigo, e eu queria que vissem o lugar em que comecei minha vida. Eu esperava que isso os ajudasse a entender a diferença entre a vida deles e a minha.

Anos atrás, eu visitara a área no Queens para onde minha família se mudou quando saímos de Manhattan. Foi no Queens que morei durante o colégio, foi onde comecei a tocar, conheci um baixista chamado Gene Simmons e, por fim, fundei o KISS. Mas, depois dessa visita, fiquei me sentindo para baixo por algumas semanas. Isso meio que confirmou o que sempre pensei: eu só fazia associações negativas aos lugares do meu passado.

Ainda assim, achei importante lhes dar outra chance. Eu esperava que aquela visita à 211th Street fosse uma bela oportunidade de materializar as histórias que contei aos meus filhos ao longo dos anos, para que minhas memórias de infância se tornassem mais tangíveis para eles.

Então voltamos. Ou, deveria dizer, eu voltei, já que eles nunca tinham estado lá.

Nasci com uma massa de cartilagem amassada no lugar da orelha direita, uma deformidade facial conhecida como microtia. Desde que me entendo por gente, eu chamava a atenção das pessoas — crianças e adultos. As pessoas parecem destacar as deformidades dos outros — em vez de ser tratado como ser humano, fui tratado como objeto. Um objeto de curiosidade em alguns casos, eu acho; mas, na maioria das vezes, eu era um objeto que despertava nojo.

Quando entrei para a escola primária PS 98, eu não tinha amigos próximos de nosso apartamento, mas sempre fui o centro das atenções. E esse tipo de atenção era tenebroso para uma criança de cinco anos. Eu queria desaparecer. Ou me esconder. Mas não havia para onde ir.

Já era bem complexo olharem para mim — isso já era ruim o suficiente. Mas, quando alguém gritava, isso atraía os olhares de outras pessoas para mim — todo mundo me olhava, me examinando. Eu me sentia exposto e invadido. Esses foram os piores momentos — como quando o garoto apontava e gritava: "Stanley, o monstro de uma orelha só!"

Tudo que eu conseguia pensar era: *Você está me machucando*.

Além disso, nunca tive um ombro no qual chorar. Meus pais insistiam em não falar sobre isso. Filhos precisam de pais. Filhos precisam de proteção. Quando meus pais não demonstravam empatia e não queriam ouvir meus problemas, eu me sentia isolado.

Durante a maior parte da minha vida, a West 211th Street representava apenas uma coisa: dor.

E agora, chegando ao apartamento, fiquei me perguntando se seria diferente.

Chegamos e atravessamos o arco de entrada para o prédio de cinco andares, e entramos em um espaço pavimentado cercado pelo prédio — chamá-lo de pátio o faria parecer bom demais. As memórias começaram a eclodir. Atravessando o quintal, de repente me lembrei de pular nas costas de um garoto e mordê-lo. Esse garoto me provocou e cuspiu no meu rosto. O pátio despertou essa memória porque eu estava ali quando contei para minha mãe que aquele garoto estava implicando comigo, e eu queria, precisava, da ajuda dela para lidar com a situação. Ao que ela me disse — uma criança do jardim de infância: lute suas próprias batalhas.

"Nem vem chorando para mim", falou.

O que me levou a atacar o garoto.

Ao entrar no apartamento, minha primeira reação foi de perplexidade pelo tamanho do lugar. Obviamente, quando nos lembramos de algo em uma escala — com base em nosso tamanho e estatura de criança — e voltamos, é surpreendente. O prédio estava um pouco desgastado, mas foi o tamanho que realmente me surpreendeu. Por mais que eu lembrasse que era mínimo, olhando agora, era ainda menor. E éramos quatro morando ali — meus pais, minha irmã e eu. Meus pais dormiam na sala, em um sofá-cama, e, se minha irmã ou eu acordássemos mais cedo do que eles e quiséssemos ir à cozinha, tínhamos que nos arrastar por debaixo da cama deles.

Meu coração estava acelerado. Eu estava um pouco tonto.

Lá fora, vimos a escola, ao lado, e o pátio onde fui chamado de "Stanley, o monstro de uma orelha só".

Sempre digo aos meus filhos para se lembrarem de que o pai deles foi ultrajado e ridicularizado. Sempre disse a eles que isso me machucou e que devem se lembrar, quando lidarem com os outros, de como fui um alvo. Isso significa muito para eles, e vejo o impacto em seus olhos. Colin está ciente das vulnerabilidades dos outros, assim como Sarah. Até mesmo Emily está ciente dos sentimentos dos outros. Se isso aconteceu com o pai deles, pode acontecer com qualquer um.

E isso acontece, embora durante minha infância nunca tenha me ocorrido que eu não era o único a ser intimidado e sofrer. Não é comum para as crianças pensar em como se encaixam no mundo em geral. Nunca pensei em ninguém mais sendo insultado e intimidado, porque meu mundo era só eu. E, mesmo se houvesse alguém sendo submetido a um tratamento similar, isso não importava — eu ainda estava sofrendo. Eu não teria sido consolado por saber que outra pessoa também estava sendo espancada.

Meus filhos sabem das humilhações pelas quais passei, dos meus problemas na escola e de não ser capaz de ouvir — todo tipo de adversidade. É a melhor maneira de eles entenderem de verdade esse tipo de coisa, dando um rosto a ela: o *meu* rosto. Um rosto que, como membro da família, provavelmente significa mais para eles.

Mas agora, naquele apartamento e no pátio da escola, mais de 60 anos depois, tudo parecia ter acontecido em outra vida. As lembranças ainda estavam lá, mas minha conexão com o local não tinha mais implicações negativas. Eu podia dizer que, diferente de outras visitas que fiz a lugares do meu passado, este já não deixava marcas. Não causava dor nem amargura.

Isso tem tudo a ver com quem me tornei. E com isso não quero dizer uma estrela do rock viajada com uma casa pomposa e um carro pomposo. Cheguei a esse patamar bem cedo na minha vida e percebi que isso não ajudou a cicatrizar minhas feridas emocionais. Houve uma época em que eu pensava que uma Playmate[1] da Playboy e um monte de dinheiro no banco fossem a resposta. Mas não eram. Eu queria desesperadamente esfregar minha fama na cara de ex-colegas cruéis em reuniões, mas isso não me ajudava a me sentir melhor. Eu queria muito ser desejado pelo tipo de mulher que sempre me ignorou, mas descobri que ainda não conseguia estabelecer laços significativos. Eu queria muito me cercar de armadilhas do sucesso, mas achava que tudo isso eram apenas objetos, não importava o preço. Por um lado, eu conquistara muito mais do que sempre quis. Mas, por outro, ainda me sentia vazio, desconfortável comigo mesmo, feliz pela metade.

---

[1] Modelos de capa premiadas da revista. [N. da T.]

A magia do sucesso é que ele me deu o poder de realizar uma missão: ser meu melhor eu. Mas não me tornei quem eu pensei que seria.

E aquela visita ao apartamento em que cresci foi diferente de vislumbres anteriores do meu passado, porque, quando sua vida está em ordem, o caos que sofreu recua e se torna irrelevante. Já fui muito mais ligado àqueles tempos e às minhas lutas naquele lugar. No entanto, consegui voltar lá sem nenhuma dessas bagagens.

Senti algumas das mesmas emoções que senti ao conversar com meu pai nos últimos anos sobre as mudanças em nosso relacionamento. Aquele lugar — 211th Street — pode ter sido onde comecei, mas não foi onde acabei, em todos os sentidos.

De um jeito inesperado, o lugar agora parecia estranhamente bonito — por causa do meu senso de perspectiva, porque eu conseguia ver até onde tinha chegado. E, novamente, não me refiro a termos materiais. Agora aprecio meu passado pelo mesmo motivo que me permitiu finalmente escrever minha história em *Uma Vida sem Máscaras*; o mesmo que fez meus relacionamentos, com pessoas como meu pai, evoluírem desde que o livro foi lançado. Nós nos escondemos quando não chegamos a um acordo com nosso passado. Somos uma bagunça quando não nos acertamos com nossos sentimentos. Mas, uma vez que ficamos confortáveis, somos libertados pelo desapego.

Voltar à 211th Street foi uma excelente oportunidade, um momento de esclarecimento.

Percebi que, quando alcançamos a paz de espírito, conseguimos trazer memórias obscuras à tona, porque não são mais o fardo que já foram. Podemos ter sido vítimas compulsórias no passado, mas podemos escolher se permitiremos que esse passado nos torne vítimas no presente e no futuro.

Muitas vezes, ouço as pessoas dizerem que ser feliz é a melhor vingança. Mas tenho minhas dúvidas. Se estamos vivendo felizes, não precisamos de vingança. Se ainda sentimos essa necessidade, talvez não estejamos tão felizes assim. Ser feliz, nesta fase da minha vida, significa não precisar de vingança, nem mesmo *querê-la*. Mas, novamente, quem realmente sabe o que significa ser feliz, ainda que por alto? Durante a maior parte da minha vida, eu certamente não soube. Foi algo que tive que aprender — do jeito mais difícil, e levou muito tempo.

A questão é: a vida não vem com manual de instruções. Então, ao longo dos anos, criei o meu. Passei uma vida adicionando princípios formados a duras penas e, ao seguir esse manual, não conquistei apenas o sucesso no sentido tradicional, mas também a paz de espírito que me faz ver o mundo de outra forma. Até agora, esse manual existia apenas na minha cabeça, mas decidi materializá-lo para compartilhá-lo, revelá-lo como resultado do alívio que sinto em relação ao meu passado.

2
COBRE A SI MESMO, MAS SEJA SEMPRE SEU MAIOR FÃ

Na realidade em que cresci, em dado momento percebi que me espelhar nos modelos mais óbvios — meus pais — era um beco sem saída e só me levaria, inevitavelmente, ao fracasso. Então, tive que voltar à estaca zero e aprender. Tive que reaprender a andar, em termos filosóficos, porque não aprendi a fazê-lo de uma maneira saudável da primeira vez.

Essa foi minha luta.

Sem demagogia. Digo isso porque todos nós temos desafios.

No meu caso, além das questões típicas da infância, enfrentei a crueldade que vem com uma diferença física e a ignorância quanto a certas deficiências. Como era surdo de um ouvido, na escola, tinha dificuldade em ouvir; mas, em vez de receber ajuda especial, fui simplesmente rebaixado à categoria de mau aluno e mandado para aulas de reforço. E, em todo esse processo, minha família não me deu nenhum tipo de apoio. Bem, para ser honesto, foi pior que isso. Muitas vezes meus pais me faziam me sentir ainda mais inseguro — a tal ponto que eu tinha pesadelos constantes, acordava gritando devido a sonhos que agora reconheço como simbólicos: estar sozinho em um carro em alta velocidade sem volante, estar sozinho em um jangada sem avistar a terra.

Meu terapeuta diria que sofri abuso. Não intencionalmente, mas muito do que meus pais faziam não me ajudava em nada. Não fui amarrado a uma cadeira ou algo do tipo, mas também ouvi dizer que às vezes os tipos de abuso menos insidiosos e evidentes são os mais prejudiciais. Então, estou despedaçado. Tenho que dar esse alerta, mas, ao mesmo tempo, estou ciente de que qualquer um pode ser afetado negativamente por coisas menos explícitas. Muitos danos são causados de maneiras não tão óbvias.

Eu não sabia quando criança, mas meus pais não eram pessoas felizes. Para mim, eles eram apenas meus pais. Eu presumia que os adultos eram daquele jeito.

Minha postura — enraizada desde criança, em função da minha criação — sempre foi: não mostre dor. Nunca deixe ninguém saber que o machucou. E, claro, por causa do que sofri em decorrência da minha distinção facial, fui muito machucado. Percebi que, quando fingimos que não fomos feridos, sofremos. É melhor dizer: "Você me magooou." Isso nos permite liberar a dor. Não é uma forma de fraqueza nem coloca a pessoa que nos feriu em posição de poder. É só uma afirmação de que nos machucaram. Significa apenas que alguém foi cruel ou imprudente e disse algo doloroso.

Segurar nossa dor, por outro lado, faz com que uma espécie de pressão se acumule, como em uma torneira. Em algum momento, o cano explodirá. O segredo é nos mantermos abertos e deixar esses sentimentos sair — manter tudo fluindo.

Neste momento da minha vida, não guardo mais as coisas para mim. Se alguém diz algo que me machuca, falo para a pessoa. Sem rodeios. A única entrelinha é a forma como ela e eu escolheremos entender a situação.

Se alguém que é infeliz, cheio de dúvidas sobre si mesmo ou de questões de baixa autoestima, torna-se bem-sucedido e, ainda assim, continua triste, nesse momento, tem uma escolha. Ou desiste e cede a mecanismos de enfrentamento insalubres e destrutivos, ou arregaça as mangas e decide *não ser vítima da situação, mas superá-la*. Quando escolhemos ser vítimas, a vida continua para todos os outros. Talvez no começo eu tenha me visto como vítima, mas depois percebi que não ganhava nada com isso. E, mesmo que o mundo do rock and roll seja cheio de perigos e tentações, era óbvio para mim que torrar tudo em cocaína correndo pela cartilagem do meu septo não ajudaria em nada.

Naquela época, eu vivia com base em um monte de ideias preconcebidas, que funcionavam como uma estrutura da qual eu precisava. Mas, com o tempo, descobri que algumas dessas ideias eram problemáticas. Muitas delas não tinham fundamento. É normal nos cobrarmos, mas as regras que criamos para nós mesmos precisam se basear na experiência, e as minhas não eram realistas. Então passei muito tempo elaborando novas regras — que estão neste livro.

Primeiro, tive que desaprender o que me ensinaram quando era criança. Fui programado para tirar tudo do caminho, para não aceitar nada que levantasse dúvidas sobre o que eu fazia. Se eu não falasse sobre algo, esse algo não existia.

Quando somos crianças, nesses anos de formação, damos nossos primeiros passos, não só em termos físicos. Se não tivermos uma base sólida, como no meu caso, temos que reaprender a andar quando estamos mais velhos. Eu tive que construir uma nova fundação. Isso foi difícil. Foi como me desprogramar. Em essência, somos programados por respostas repetidas ou reações às situações. Somente quando começamos a perceber essas situações de outro jeito, ou adicionamos elementos à forma como reagimos a elas, conseguimos nos desprogramar — e desarmar a bomba emocional.

Durante muito tempo, assumi minhas experiências de vida da infância como a norma. As crianças replicam o que veem em casa e acham que aquilo é normal. E é assim que, inicialmente, definem o amor — pelo que recebem em casa e pelo modo como seus pais e irmãos se tratam. Quando tive uma perspectiva diferente, após passar por outras experiências, acordei para o fato de que minha infância não era a norma. Antes de uma epifania desse tipo, não reconhecemos a dor. No entanto, o acréscimo de experiências de vida e de uma nova perspectiva reduz a carga lancinante do passado. A lembrança de que nos machucamos não some, mas a dor, sim. E esta é uma distinção importante. Sei o quanto me senti dilacerado por anos, até mesmo décadas, da minha vida — sei que havia uma dor tangível. Mas a dor se foi depois que retifiquei e remediei minha vida.

Consigo reconhecer a dor, mas não a sinto mais.

A ideia de jogar fora o que me ensinaram, descartando os padrões pelos quais aprendi a ponderar e a não pensar — começar do zero —, era assustadora. Mas eu precisava fazer isso. Cheguei a essa necessidade de reformulação porque sentia que o que eu tinha visto e o que repetia era tóxico e não me faria feliz, e a vida não terminaria bem para mim. Eu era triste e instável e, é claro, sentia certo desespero, mas isso é inerente à busca. Eu conviveria com a decadência ou transformaria minha vida? Removeria a podridão ou apenas a suportaria?

Primeiro, tive que aceitar que não havia problema em questionar minhas bases. Afinal, elas não me faziam feliz. Segundo, percebi que poderia construir outra fundação — embora também entendesse que isso não aconteceria da noite para o dia. É por isso que sempre desconfiei de livros de autoajuda e outras soluções rápidas. Um fim de semana de mudanças drásticas não transformará sua vida. Você não ficou do jeito que está em dois dias, então não há como desfazer tudo em um fim de semana. (Embora eu admita que parte do que tornou o processo suportável foi *não* pensar em quanto tempo levaria.)

A verdade é esta: questionar-nos não é fraqueza. É fortalecedor.

É libertador reconhecer o quão pouco sabemos. Pensar que sabemos mais do que realmente poderíamos aprisiona. Agir assim nos castra. Comecei a me sentir livre quando admiti que tinha muito a aprender e que sabia muito menos do que supunha. Estou muito mais feliz consciente de que muito do que eu pensava, na verdade, não fazia sentido. Foi tudo forjado por mim. Criei aquela realidade porque me dava sensação de segurança. Mas, quando estamos realmente seguros, não precisamos acreditar que sabemos de tudo. Esta é a outra parte do processo. Quando nos sentimos seguros, não precisamos de um monte de prescrições e rótulos sobre quem somos, porque somos livres. Não precisamos dessa falsa sensação de apoio e segurança proporcionada por convicções ilusórias, e isso liberta.

Tive que me perguntar: "Mas como diabos você conseguiu resolver sua vida e fazer tudo funcionar?"

Precisei cuidar da minha mente antes que conseguisse avaliar como meu passado me afetou. Quando achamos que nosso comportamento e a forma como lidamos com o mundo são normais, não há nada a ser consertado. Mas quando nos olhamos de fora, podemos dizer: "Nossa, é com isso tudo que estou lidando e entendo por quê."

É limitador e sufocante pensar que sabemos de tudo. E é libertador perceber que não é bem assim. Nem tudo precisa de um rótulo. Rotulamos como "bom" e "ruim", "verdadeiro" e "falso" coisas que não precisam dessa espécie de nota ou categoria. Algumas coisas apenas *são*.

Temos que assumir o controle de nossa vida.

Não temos que aceitar quem somos hoje.

Podemos decidir ser diferentes amanhã.

Nem sempre é fácil, mas precisamos desse impulso adicional, desse fôlego extra, desse passo extra que outra pessoa não deu, para chegarmos aonde queremos ir.

Conquistar um objetivo nos faz vislumbrar novos objetivos. E, se pensarmos que nossa missão acabou quando atingimos um deles, pena. Um objetivo estabelece a rota para outros. O mais importante é seguir em frente. Não conhecemos o fim da estrada, e o percurso que traçamos pode nos levar a lugares que não imaginamos. Mas, se seguirmos, encontraremos nosso destino — e, se tivermos sorte, sempre encontraremos novos.

Obstáculos são a consequência de perder nossos objetivos de vista. Se tivermos que pular obstáculos, nós os pularemos. O segredo é se livrar e se blindar de toda essa bagagem, da dúvida e das vozes dos outros que ecoam em nossa mente. E, se formos implacáveis e incansáveis, finalmente nos amaremos e sentiremos orgulho de nós mesmos.

Só então nos tornaremos quem realmente somos.

3

O SUCESSO COMEÇA COM A COMPREENSÃO DA DIFERENÇA ENTRE SONHO E FANTASIA

Sonhar alto é arriscado, é perigoso. Todos tínhamos sonhos quando crianças, mas, para muitos de nós, eles morreram em algum ponto do caminho. Basicamente, um adulto criativo é uma criança que resistiu.

Há uma grande diferença, no entanto, entre sonhos e fantasia. Sonhos podemos realizar, mas somente quando nos conhecemos — nossos dons e limitações reais — e temos um plano apaixonado para ir do ponto A ao ponto B. A fantasia, ou o pensamento mágico, por outro lado, é uma fuga da realidade. É divertido — e é até uma parte importante do processo criativo que concretiza sonhos mais imediatos, como compor uma música —, mas atrapalha nosso progresso.

Se quisermos nos desenvolver, é importante ter sonhos realistas — mas com base na realidade ou nas realizações de outras pessoas. Significa saber, de forma intrínseca, instintiva e franca, o que é possível para *nós mesmos*.

Sonhar estrutura a realidade. Não a realidade de outra pessoa, mas a nossa própria.

Enganar a si mesmo é destrutivo. Décadas atrás, decidi parar de me enganar. Isso não significa que eu compreendia tudo, mas que não me iludiria mais. A ideia de não ser honesto consigo mesmo não funciona para mim. Não consigo entender por que as pessoas se anulam. Em todas as situações, quero saber quem sou, como ajo, por que e se preciso mudar.

Sempre me esforcei para ser o melhor de mim. É uma luta diária. Então, sempre me cobrei muito, e talvez essa seja a melhor maneira de realizar o que é importante. Porque é fácil agradar às pessoas, mas voltamos para casa todas as noites e temos que conviver com nós mesmos. Elogios e atenção são vazios, e duram apenas enquanto falam conosco. O verdadeiro sucesso é interior. Se cairmos no tipo de sucesso em que os outros amam o que fazemos, mas nós não, esse sucesso é etéreo e vazio. O âmago do sucesso duradouro, em sua *plenitude*, é amar o que fazemos — porque amar o que fazemos nos fará amar quem somos.

Uma coisa eu garanto: a essência não muda.

Meu sonho — e o sonho compartilhado com Gene, Ace e Peter em 1973 — partiu da premissa de que nos tornaríamos a maior banda de rock da época. Claro, era ridículo — para muitas pessoas, inclusive pessoas próximas na época, não parecia realista. Mas alguém faria isso — então, por que não nós? Por que não eu?

Se acatarmos o *status quo*, viveremos na mediocridade. Nunca compactuei com isso. Sempre soube que não conseguiria trabalhar das nove às cinco — era impensável. Eu cortaria os pulsos. Não há problema em trabalho pesado e rotina, mas o trabalho pesado e a rotina têm que me inspirar — têm que despertar paixão.

Começando com a noção de que o KISS teria sucesso e nos tornaríamos grandes astros do rock, não seguiríamos o caminho seguro de ninguém. Eu não queria seguir o caminho seguro de quem quer que fosse. E, de qualquer forma, os caminhos tradicionais não se abriram. Todas as crianças que conheci no meu bairro no Queens se tornaram dentistas e advogados. Se eu tivesse tentado seguir esse caminho, teria me tornado um sem-teto.

Tudo mudou quando conheci os Beatles. Sua apresentação no *Ed Sullivan Show*, em fevereiro de 1964, mudou minha vida. O lançamento de seu primeiro filme, *A Hard Day's Night*, em agosto de 1964, também foi crucial. Amei o universo daqueles quatro caras que eram um por todos e todos por um. Vimos todos dormindo na mesma cama, e o filme dava uma imagem inesperada do que uma banda poderia ou deveria ser. A ideia dos Beatles era a de quatro indivíduos formando uma banda, e você não apenas amava a banda, mas cada um deles. Quando nos juntamos no KISS, esse se tornou nosso objetivo.

Mas, no que diz respeito a sonhar alto, nunca quis ser a melhor banda do pedaço. Nunca quis ser a melhor do bairro. Estávamos bem conscientes das nossas verdadeiras condições.

Em outras palavras, nosso objetivo não era ser melhor do que os New York Dolls, que era a banda mais popular de Nova York quando chegamos. Nosso objetivo era sermos tão bons quanto nossos heróis. Nós nos recusamos a pensar pequeno. Talvez o que nos ajudou a ter sucesso tenha sido nossa visão, muito além da que alguns de nossos concorrentes locais concebiam.

Detesto a analogia da caixa, mas, para ter sucesso fora da caixa, temos que *enxergá-la*, e não ficar presos nela. É um equilíbrio, porque não podemos nos limitar exclusivamente pelo que sabemos ou não. É uma linha tênue.

Nunca me enganei achando que faria o que os Beatles fizeram, mas estava totalmente consciente de que poderia causar polêmica. As bandas e os artistas que admirava eram um padrão que eu almejava. Não tentei imitá-los; a influência que eu buscava era para fins de inspiração, não de réplica.

Naquela época, conhecíamos aqueles que tinham conseguido — como os Beatles, o The Who ou o Led Zeppelin —, mas não necessariamente nossos concorrentes. Conhecíamos aqueles que tinham chegado aonde queríamos, mas não os que também estavam tentando. Não conhecíamos nenhuma banda da Finlândia. Nenhuma de Dallas. Ninguém se conhecia. Nós víamos apenas as bandas que queríamos ser, mas não as que tinham o mesmo objetivo. Isso teve certas vantagens, proporcionou uma particularidade. Contribuiu para uma cena musical menos homogênea — as pessoas não pegavam elementos emprestados umas das outras. Hoje em dia, todo mundo se conhece, mas não era assim quando o KISS começou. Até que as bandas conseguissem a atenção da mídia e a exposição nacional ou internacional, ficavam à própria sorte, e só as bandas locais ou aquelas com as quais faziam turnês sabiam umas das outras.

Costumo falar para bandas ou músicos jovens: "Se a música que você faz não está no mesmo padrão das bandas que ama, você não é bom o suficiente. Há apenas um parâmetro, e não é a concorrência local, mas as melhores. Se você não está lá, precisa continuar trabalhando. E, se não estiver disposto a fazer isso, não deveria nem ter começado."

Agora qualquer grande talento está bem ciente da concorrência — graças à internet, é mais fácil dimensionar a arena global da concorrência, em contraste com a local. E, ao longo dos anos e décadas, o padrão aumentou exponencialmente, porque agora podemos ver os melhores do mundo em qualquer computador no planeta. Uma banda de Austin sabe o que uma de Oslo faz, e vice-versa. Então, ser o melhor cantor local é irrelevante.

Realmente acredito que a gama de talentos se aprimorou. Os dias de *Ted Mack and the Original Amateur Hour*[1] — que passava na TV quando eu era criança — ou até mesmo a primeira geração de shows de talentos nacionais, como *Star Search*, parecem antiquados agora. O que víamos nesses programas era horrível em comparação com o nível do *The Voice*.

A verdade é que, quando o KISS começou, não sabíamos o que estava acontecendo ao nosso redor ou ao redor do mundo. Não tínhamos como nos avaliar com base em uma vasta gama de talentos. Agora as pessoas acessam a internet e pensam: "Nossa, sou um merda."

---

[1] Ted Mack era o apresentador. The Original Amateur Hour era o programa. [N. da T.]

A internet é fantástica por promover muitos talentos incríveis. Se as pessoas atingem o sucesso, ou se tudo o que importa é o entretenimento, é outra questão. Mas habilidade bruta? Se alguém é talentoso e está disposto a trabalhar nisso, consegue se aprimorar. A internet também permite que as pessoas vejam seus concorrentes e busquem influências e inspiração — algo que simplesmente não tivemos quando começamos o KISS.

Há sempre algum mimetismo no trabalho criativo, e agora há aparentemente um número infinito de cantores que imitam alguns dos grandes, fazendo linhas vocais equivocadas, beirando o histrionismo. Seus estilos mais parecem exercícios vocais do que transmitem emoção. Não adianta nada fazer todas essas linhas vocais; se não há nada por trás delas, elas perdem o sentido. Às vezes, ouço as pessoas cantando e digo para minha esposa, Erin: "Essa pessoa poderia muito bem estar cantando em mandarim, porque não tem a mínima ideia do que a música se trata."

Há muitos fatores que separam os aspirantes dos concorrentes. Claro, Mariah Carey tem uma extensão de cinco oitavas ou por aí, enquanto Leonard Cohen só conseguia cantar meia oitava. Mas o tempo diz qual música sobrevive. Não se trata do que somos capazes de fazer, mas do que fazemos com nossas capacidades.

Agora, infelizmente, você encontra pessoas que dizem que seu guitarrista de blues favorito é Eddie Van Halen. Para fazer algo com profundidade — ainda que nem todos a percebam —, com peso e conteúdo, você precisa de raízes, precisa de experiência. Alguém pode argumentar: "O KISS é superficial, então quem esse cara é pra falar isso?" Bem, não é superficial para as 100 milhões de pessoas que compraram nossos álbuns para ouvi-los inúmeras vezes. Então, quando digo que as raízes são essenciais para o que você vai fazer, digo em parte porque cresci vendo Otis Redding e ouvindo Dion and the Belmonts, Irving Berlin, Puccini, Jerry Lee Lewis e Muddy Waters, e a lista continua. O ponto é: tudo contribui de alguma forma.

Eu era um grande fã do The Byrds. Tocava todas as músicas deles. Era fã de Tim Hardin, Phil Ochs, David Blue e Jim Kweskin e sua Jug Band. Fui ao Gaslight, no Village, para ver Dave Van Ronk. Esses artistas podem parecer distantes do que faço, mas estão todos lá. Vi o The Temptations. Escutei e assisti a Jackie Wilson, um cantor fenomenal e um artista incrivelmente carismático. Era um grande fã de Eric Andersen — a ideia de que, despojado de tudo, alguém podia se sentar e hipnotizá-lo com uma história ou um ponto de vista era uma revelação. Ouvir Eric Andersen cantar "Thirsty Boots" dava uma noção romântica de um tipo diferente de vida em que alguém viajava incessantemente e precisava de movimento; entre outras, coisas desse tipo o fazem perceber que há todo um outro mundo lá fora. Este é um sentimento pessoal, mas sempre achei que a música era um portal para uma vida da qual eu não participava, mas que, de alguma forma, queria experimentar.

Nossa profundidade é proporcional às nossas experiências. Nós nos baseamos em nossa jornada musical, e, no meu caso, mesmo que na superfície alguns desses lugares pareçam irrelevantes, estão presentes. Todas as peças contribuem para o mosaico que representa a riqueza de nossa vida e de nossas experiências. Está tudo lá, acrescentando detalhes e cores.

No mundo dos alimentos, as pessoas falam sobre camadas de sabores e perfil de sabor. Bem, isso não se consegue a partir de um ingrediente, mas do equilíbrio de muitos. E Deus sabe que não sou original no sentido de ter inovado como vocalista. Foi a combinação de elementos daqueles que me inspiraram que me criou.

No cultura do rock and roll, há figuras lendárias, quase heróis trágicos, consideradas talentos inquestionáveis, mas que não fizeram sucesso — pessoas como os cantores britânicos dos anos 1960 Frankie Miller e Terry Reid. Há rumores de que Terry era a primeira opção para o vocal do Led Zeppelin,[2] depois de lhe ter sido oferecida a vaga de vocalista no Deep Purple[3]. Fora isso, ninguém nem ouviu falar dele. Frankie Miller parece ter sido o esboço de Rod Stewart. E às vezes me pergunto: será que eu poderia ter vivido como Frankie Miller ou Terry Reid? A paixão teria permanecido se não me levasse ao sucesso comercial? Bem, a verdade é que ficar no meio do caminho não me interessava.

Suponho que todo mundo quer ser famoso. Mas o que fazemos para alcançar esse objetivo?

Não se engane, as bandas que despontaram não caíram no sucesso de paraquedas e, certamente, não o mantiveram por acaso. Ninguém está aí há décadas por acidente. É preciso trabalhar, ponderar e, independentemente do que disserem, ter fome e sede de sucesso. Se não tiver essas características desde o começo, você não chegará ao sucesso, e, se chegar, não o sustentará. Você precisa esclarecer o que quer e como obtê-lo. Sem um plano e uma ética de trabalho, seu objetivo é indiferente.

---

[2] Ele chegou a ser chamado quando a banda se chamava New Yardbirds, mas recusou. [N. da T.]

[3] O convite para o Deep Purple foi posterior ao convite para o Led Zeppelin. [N. da T.]

O que distinguiu Robert Plant de Terry Reid? O que distinguiu Rod Stewart de Frankie Miller? Provavelmente, tudo, *exceto* o talento. Foi o quanto eles trabalharam.

O campo não está nivelado. Não acho que esteja em nenhum aspecto da vida. Mas as oportunidades estão lá para quem se esforçar mais. Não estou dizendo que é fácil. Não estou dizendo que é divertido. É muito mais difícil para alguém com uma diferença facial ou uma deficiência física. Mesmo assim, é possível.

É justo? Não. Mas se deixarmos o "justo" nos segurar, nos tornamos vítimas. E isso é inaceitável. Não adianta espernear, apenas sofreremos no final.

Não podemos vencer se não lutarmos. Não podemos vencer se não competirmos. Então, para mim, nos piores momentos, a superação sempre esteve atrelada à luta.

Nunca me senti sem esperança. Tive momentos de desespero, mas nunca achei que alguma situação fosse permanente. Temos que assumir o controle e reconhecer nossa dor, e aí enfrentá-la. A esperança baseia-se em projetar o futuro, não em ver o hoje como permanente. E esse é o segredo para conseguirmos sonhar alto.

Claro, o futuro não acontece sozinho. Nós o fazemos acontecer. E a esperança está em reconhecermos nosso papel, nossos interesses. O futuro não está determinado, e, por essa razão, sempre há esperança.

Desistir não é uma opção. Vai contra a minha natureza.

Porque realmente acredito que somos os donos do nosso próprio destino.

4

OTIMISMO COMBATIVO

De vez em quando, algumas pessoas me dizem: "Estou pensando em fazer música."

E eu respondo: "Então não faça."

Se você tem que *pensar* nisso, nem deveria fazer. Faça apenas se sentir-se *compelido*.

Eu realmente não tenho ideia do que faria em outra situação. Fiz música e continuo fazendo porque *tenho* que fazer. Se está considerando uma carreira na música, nem tente. Você precisa ter paixão, uma paixão insaciável, da qual não abre mão.

Há uma lacuna entre se sentir compelido a fazer algo e fazê-lo acontecer, e a ponte é um forte sentimento de esperança. Em última análise, minha perspectiva se baseia no otimismo, mas um otimismo combativo, não passivo. Um otimismo de ação. Um otimismo de que tenho o poder de tornar minha vida o que eu quero que seja, em vez de apenas desejar que tudo corra bem por acaso.

A diferença entre alguém que quer ser algo e quem realmente consegue sê-lo é também uma noção de estrutura e de etapas — um processo. Querer não basta. Podemos querer qualquer coisa, mas, se não tivermos uma sequência definida ou um plano de batalha, não dará certo.

Pense em meu amigo Chris Jericho. Disseram a ele que era muito baixo para ser wrestler profissional. Mas ele optou por ignorar as regras. Ele decidiu que trabalharia mais do que qualquer outra pessoa — e conseguiu.

As regras só se mantêm até serem quebradas — e essa é a essência dos grandes sonhos.

Nunca terei a base, o preparo ou a técnica necessária para ser um grande chef, mas isso não significa que eu deva desistir. A ideia de pintar ou não pintar com base no meu conhecimento da pintura é autodestrutiva; cozinhar também não deve ser baseado em realmente saber o que estou fazendo. Novamente, isso é contraproducente — afinal, quem sabe alguma coisa quando começa? Não podemos chegar a lugar nenhum sem dar o primeiro passo.

Dizem que o segredo para progredir é começar, embora isso não signifique que não podemos fazer perguntas quando precisamos.

Gosto de tropeçar quando começo a fazer algo. Na verdade, foi assim que me aproximei do violão. Fiz algumas aulas e depois continuei sozinho. Mais tarde, tentei com outra professora, mas descobri que ela não queria que eu fosse além dos planos de aula. Então, se eu tivesse que praticar algo em particular antes de uma aula, mas acabasse trabalhando em coisas adicionais, ela não gostava.

Porém, esse tipo de abordagem não está na minha natureza. Gosto que as pessoas estejam lá caso eu tenha dúvidas, mas não que me digam para ir mais devagar.

Se reconhecermos, identificarmos e abraçarmos quem somos e o que somos, nosso potencial se amplia. Pintei obras inteiras com uma espátula. De certa forma, eu queria que isso fosse moleza, não adicionar detalhes, mas dar a impressão das coisas e deixar o olho do espectador preencher o resto. Fiz isso de propósito para evitar o que eu não faria bem. Não vou pintar obras fotorrealistas.

Identifique quem e o que você é, e depois aceite isso, em vez de combatê-lo para ser outra coisa.

Se definirmos do que somos *incapazes*, adotaremos o que é possível. Evitamos a perda de tempo de ir atrás do que é fútil ou das coisas que não representam quem somos. Removendo esse desperdício, abraçamos todo o nosso potencial. Volto a isto: se eu tivesse decidido me tornar matemático ou cientista de foguetes, estaria falido. Ao eliminar o que estava fora de questão, me dei muito mais potencial para fazer o que era possível.

Claro, havia coisas que já pensei que eram impossíveis para mim, para depois descobrir que minha avaliação estava errada. Por exemplo, houve uma época em que eu realmente achava que seria impossível ser um bom pai e, no entanto, evoluí.

Parte do aprendizado, parte da exploração, está na mudança de nossos horizontes.

No começo, eu só queria ser feliz. Simples, certo? Bem, isso acabou sendo bastante complexo. E quando eu pensava em ser pai, sabia que queria ser um bom pai, mas não acreditava que fosse capaz. Ambas as coisas vieram com o tempo e o trabalho — e, na verdade, se complementaram. Afinal, o quanto podemos ser bons pais se não nos conhecermos e não nos sentirmos confortáveis com quem somos?

Esse tipo de transformação não acontece da noite para o dia, mas tornar-se um bom pai e uma pessoa fundamentalmente feliz talvez tenha sido a realização mais gratificante da minha vida. E foram também os tipos de transformações que me levaram a outras possibilidades: pintura, teatro, culinária, escrita — o que quer que seja. Busquei me tornar um músico famoso com tudo o que possuía porque, por um lado, sabia que era capaz disso. Quando vi os Beatles, disse a mim mesmo: "Eu consigo fazer isso." Bem, com base em quê? Eu não tocava violão. Eu era surdo de um ouvido. E, no entanto, sem racionalizar, eu sabia instintivamente: *Eu consigo fazer isso*. A outra coisa que me impulsionava era que eu estava desesperado para ser feliz. Mas, após conquistar o estrelato musical, percebi que ainda não era feliz — e isso me fez avançar.

Realizar o que quer que tenhamos a intenção de fazer é o ponto de partida para outro nível. É outro degrau na escada. Nunca sabemos onde acabaremos. Nós podemos apenas começar e, uma vez que começamos, a cada passo que damos, podemos ver um pouco mais claramente o caminho à frente.

Claro, muitas vezes precisamos de um guia. Precisamos de alguém para nos mostrar opções, mostrar técnicas.

Quando se tratava de cantar em *O Fantasma da Ópera* — quando assumi o papel principal na produção de Toronto, em 1999 —, vi os desafios. Tive dificuldade em descobrir como remediar certas questões vocais, então fui a alguns treinadores vocais, até que finalmente encontrei alguém que conseguiu. Ele entendeu a situação e me disse: "Eles o contrataram por causa do jeito como você canta. Não mude o jeito que canta." O que foi um alívio, porque outro técnico que conheci impusera a mim uma técnica completamente nova. Sua técnica mudou meu tom drasticamente, o que gerou uma dificuldade a apenas duas semanas e meia antes da estreia do show. Felizmente, achei alguém que disse: "Eles o contrataram porque gostam do que você tem. Vamos tratar dos pequenos problemas. Não vamos fazer a emenda ficar pior que o soneto. Vamos cuidar só do necessário."

Especialistas de várias áreas sabem quando alguém está ansioso para aprender alguma coisa e talvez considerem que isso valoriza seu trabalho. É muito convidativo quando alguém está interessado no que você faz e quer aprender. Para mim, é sempre interessante. Ajudei um jovem a entrar na faculdade há alguns anos. Ele queria fazer música, e sua família perguntou se eu poderia ajudar. Sentei-me com ele, e ele tocou uma música para me impressionar. Meu papel, eu achava, era fazer críticas construtivas — não para rebaixá-lo ou desencorajá-lo, mas para ajudá-lo. Depois que superou o choque de não me deixar boquiaberto com sua música, ele me disse que todo mundo sempre comentava o quanto ele era bom, mas ele queria mais. Esse aspecto é difícil de desfazer — quando alguém olha para você como um mentor. Não diz respeito ao meu ego; é uma troca de gentilezas — e a maneira peculiar de viver de cada geração. Nessa situação, pude ajudar alguém a conseguir o que queria.

Esses tipos de situações não são esquecidos — nem por nós, nem pela pessoa que ajudamos. São oportunidades para compartilharmos nosso conhecimento com outras pessoas, para ajudá-las a alcançar seus objetivos, seus sonhos.

5

A REGRA É NÃO TER REGRAS

Nós temos uma escolha na vida. Podemos passar por ela dizendo: "Por quê?" ou "Por que não?"

Aproveitei ao máximo quando escolhi dizer: "Por que não?"

Honestamente, não saberemos o que está por trás de uma porta até a abrirmos. A menos que haja consequências insuperáveis e irreparáveis, temos muito mais a ganhar do que a perder quando nos arriscamos.

Diferente de algumas pessoas, prefiro me ferrar do que não tentar.

Pensar que existem objetivos finitos na vida reduz nosso potencial para fazer a jornada. Isso limita o que procuramos ou buscamos. Não conseguimos absorver o que está acontecendo ao nosso redor, o que afeta aonde queremos ir. O trabalho que fazemos para chegar aonde achamos que queremos ir deve nos levar para onde *realmente* iremos. Porque a vida é fluida, e o objetivo que buscamos não deve ser finito. No processo, podemos decidir que não estamos onde queremos estar e decidir ir para outro lugar. Não podemos nos fixar muito no que consideramos realizações necessárias, porque, ao longo do caminho, podemos encontrar algo mais importante, e, se tivermos uma visão limitada, isso nos cega para o nosso potencial. Um aparente desvio pode ser o caminho mais recompensador.

É um problema quando estabelecemos metas que nos impedem de mudar de rumo. O objetivo do KISS em 1973 era encontrar um empresário. Mas, se tivéssemos seguido o caminho trilhado, nunca teríamos encontrado Bill Aucoin. E, sem Bill, quem sabe como as coisas teriam sido? Talvez um empresário diferente tivesse tentado nos empurrar para as decisões convencionais, e nunca teríamos nos tornado o KISS, reconhecido e amado 45 anos depois.

Quando chegou a hora de realizar nosso sonho como KISS, quebramos todo o protocolo. A maior parte do que fizemos parece ir contra a lógica. Quando as pessoas dizem: "Por que você escolheu Peter ou Ace?" ou "Por que escolheu trabalhar com Gene?", a resposta é surpreendentemente simples: porque parecia o certo a se fazer.

Sinceramente, nada sobre nós quatro nos colocaria necessariamente na mesma banda. Se tivéssemos tentado juntar um grupo de pessoas com a mesma opinião, acabaríamos com pessoas diferentes na banda. Nunca teríamos nos reunido.

Depois que unimos forças e começamos a compor músicas e tocar, não pareceu estranho para nós ter Bill Aucoin — que não tinha experiência em administração — como empresário. Não era mais estranho do que usar maquiagem branca e fazer nossas próprias camisetas. Nós sabíamos exatamente o que estávamos fazendo. Acatar o *status quo* ou ouvir as pessoas dizerem "Seja como nós" é algo que nunca me interessou — fazer maquiagem, tirar, ter um empresário novato, assinar com uma gravadora que não tinha experiência com bandas de rock — a lista continua. Fazer as coisas do jeito que parecia certo, ao contrário do que todo mundo fazia, soava totalmente natural.

Fico feliz em saber que seguir as regras funciona para algumas pessoas. Mas não para mim. Nunca funcionou. E esse é um dos segredos do meu sucesso.

Por que não?

Mesmo que o nosso empresário nunca tenha empresariado ninguém, ele entendeu muito bem a banda. Usávamos maquiagem branca e saltos de 20 centímetros. Não tocávamos o que era popular na época — não éramos John Denver. Nunca houve uma banda como a nossa, então por que buscaríamos um empresário igual aos outros? O modo padrão de fazer as coisas dá resultados padrões. Formas extraordinárias de agir dão resultados extraordinários.

É claro que, quando você age dessa maneira, também comete erros e enfrenta contratempos. Mas aprender com os erros alimenta o sucesso. Se você não desistir, um erro é apenas mais um passo em direção ao sucesso. Se algo não der certo — na cozinha, na vida profissional ou em um relacionamento —, isso não significa fracasso. É apenas mais combustível para o sucesso. Afinal, podemos repetir nossos erros ou usá-los para traçar uma mudança no percurso.

Não me arrependo de nenhum desvio que o KISS fez como banda. Eles foram essenciais. Tiveram consequências, mas nunca seriam o fim da história. Eu precisava fazer essas coisas, e negá-las, em última instância, seria negar a banda e a mim mesmo. Eu precisava compor "I Was Made for Lovin' You", por exemplo. Eu simplesmente precisava.

A premissa do KISS, quando começamos, era "sem regras e sem limites".[1] E é isso que as pessoas levam de nós. Então, seria contraditório, de repente, dizer: "Vou viver dentro de outro conjunto de limites, que os fãs definirem." No início dos anos 1980, começamos a fazer experimentações musicais. Eu estava disposto a aceitar as consequências do que fazia, mas também sentia que os fãs tinham que entender que nossa premissa de não impor regras e nem limites era parte do que, antes de tudo, eles abraçaram. Como fãs, eles nos defenderam porque fizemos as coisas do nosso jeito. Felizmente, na maioria das vezes, eles também amaram. Mas preciso da liberdade para não me sentir algemado pelas expectativas.

Não me entenda mal. Certamente houve problemas durante a gravação de *Dynasty*. O alcoolismo e o uso de drogas de Ace estavam fora de controle, então ele deixou de ser confiável. A habilidade de Peter na bateria estava precária a ponto de o produtor com quem trabalhara em seu álbum solo, que contratamos para o *Dynasty*, não o deixar tocar no disco. O foco de Gene claramente era seguir carreira em Hollywood, o que deixava pouco espaço para tornar o KISS uma prioridade. Eu estava mais focado em ter vários relacionamentos e em um consumismo excessivo, em vez de escrever músicas que celebravam uma vida que eu via agora no espelho retrovisor da minha Mercedes recém-comprada. A banda estava tão fragmentada e disfuncional, que *Dynasty* foi resultado de todos esses fatores, para o bem e para o mal.

Mas não fui manipulado, coagido nem forçado a nada durante a composição de *Dynasty*, *Unmasked* ou *Music from "The Elder"*. Tomei decisões com base na minha vida naquele momento. Não acho que fo-

---

[1] No original, *no rules and no boundaries*. Essa ideia fundadora foi expressa posteriormente no trecho "No rules/No bounds" da música "I'm an Animal", do álbum *Sonic Boom*, de 2009. [N. da T.]

ram decisões erradas. Elas eram necessárias naquele momento. Eu precisava compor "Shandi". Precisávamos criar o *The Elder*. Afinal, essas decisões me trouxeram para onde estou agora.

Mesmo assim, em qualquer coisa que façamos — eu ou qualquer outra pessoa —, temos que ser capazes de respirar, dar um passo para trás e nos perguntar: "Isso é bom?" O que não é o mesmo que perguntar: "Alguém acha que isso é bom?" Estou falando de um teste de coragem, uma avaliação honesta.

Perdemos o fio da meada quando tentamos agradar a outras pessoas, em vez de colocar como prioridade agradar a nós mesmos.

E *The Elder* foi uma tentativa desesperada de buscar validação de pessoas que nunca a dariam ao KISS. Então, em algum momento depois desse álbum, me senti como quando estou dirigindo sem rumo e do nada me pergunto: "Onde diabos estou? Quando fiz a curva errada? Como cheguei aqui?"

Talvez *The Elder* prove que a motivação mais eficaz tem que vir de dentro. Quando fazemos coisas para agradar aos outros ou voltadas aos interesses de outra pessoa, elas ficam vazias. Se serei criticado, que seja por algo que quero fazer, e não porque fui levado a agradar aos outros.

O KISS estava perdido, e nós tínhamos nos esquecido de quem éramos e de nosso propósito. Como fizemos com o *Destroyer*, procuramos o produtor Bob Ezrin para nos orientar, em parte porque ele fez um trabalho brilhante no *Destroyer*. Mesmo que não tenha abandonado o barco durante a composição do *The Elder*, ele foi embora muitas vezes — o que significa que ficamos sem capitão grande parte do tempo. Assim como com o *Destroyer*, estávamos em águas desconhecidas durante o *The Elder*, mas dessa vez não tínhamos ninguém para nos guiar.

Demos nosso melhor com honestidade, mas fomos iludidos e contaminados pelo nosso sucesso. Nossas conquistas não nos incentivaram a ser melhores como pessoas e em nossa carreira. Nossas conquistas nos deram licença para fazer menos. O sucesso dá a todos a oportunidade de se sentar e engordar ou de agarrar o próximo degrau da escada, e foi aí que falhamos.

Ficamos acomodados e preguiçosos, e perdemos a fome.[2] Não sei se "fome" é uma boa palavra, porque implica que você precisa estar no limite para desejar algo. A fome não deveria vir da necessidade, mas do desejo de querer mais, de fazer melhor, em vez de ficar estagnado e se afundar em suas conquistas.

Se alguém se torna bem-sucedido, a fome literal desaparece, mas a fome criativa e a fome por ideais e padrões nunca deveria.

Não estávamos mais nos primórdios do sucesso e nos acostumamos com ele. Ter dinheiro, para mim, representava gastar, contratar seguranças — e isso mudou a maneira como eu via as coisas na época.

As pessoas às vezes perdem de vista todos os elementos complicados que contribuem para uma situação. O KISS não só tinha fama e um novo desejo de validação por nossos pares; também sentíamos essa necessidade de validação pelos pequenos grupos que nos bajulavam. Por muitas razões, nos pegamos deixando para trás a música feita por quatro caras famintos que queriam dominar o mundo. De certo modo, sentíamos que tínhamos conseguido isso e não sabíamos o que fazer depois.

---

[2] No original, a palavra é "hunger", com a mesma ideia presente no trecho "Everybody's got a reason to live, baby/Everybody's got a dream and a hunger inside", da música "Reason to Live", do álbum *Crazy Nights*, de 1987. [N. da T.]

Nenhum de nós tinha vontade de fazer um disco de hard rock ou um álbum pesado. Ace podia até dizer que queria naquela época, mas era como se eu dissesse que queria voar. Nós não podemos voar sem asas. Ace estava totalmente inebriado, então, sim, ele pode ter desejado fazer um álbum de hard rock, mas não era capaz.

Ficamos na nossa e nos empolgamos com algo que, de certa forma, era mais fácil de fazer: usar um esboço muito familiar, usado centenas de vezes antes, e ir em uma direção diferente com ele, porque não tínhamos a cara e a coragem para fazer o que precisávamos. Mas mesmo as decisões passivas são decisões. Se você não fizer nada, ainda tomou uma decisão. Ninguém deveria se enganar. Pegamos o caminho do menor esforço, que não é tão diferente da rendição. Teria sido mais desafiador fazer um álbum de hard rock. Isso teria exigido muito esforço.

No final, estávamos trabalhando pela metade. Sou afeito a explorar diferentes caminhos, mas é importante fazê-lo a partir de uma posição de força e entusiasmo, em vez de se deixar ficar atordoado. Isso é apenas vagar por um caminho. Tão fácil quanto cair de um penhasco.

Nesse cenário, a visão de todo mundo estava distorcida, e o que fizemos foi equivocado e por nossa conta. Para mim, cantar uma melodia de pseudo-ópera, como "Odyssey", fazendo voz de Broadway me faz lembrar o Alfalfa cantando "I'm in the Mood for Love" em *Os Batutinhas*. Mas, de qualquer maneira, começamos no lugar errado. Tudo começou com as razões erradas. Não havia como endireitar o navio.

Nossas escolhas sempre se relacionam aos motivos para fazermos as coisas. Questionamos a nós mesmos, questionamos nossas bases. Por que estamos fazendo isso? É o certo a se fazer?

Algo que posso dizer em defesa de *The Elder* é que não nos contentamos em continuar fazendo o de sempre. Ninguém pode recriar o passado. O passado é espontâneo e honesto, enquanto, em qualquer canal criativo, recriar a espontaneidade é forçar a barra. É a antítese de nossas bases, um lugar de inocência e, muitas vezes, criado pelo que não sabíamos. Teria sido impossível fingir.

Tudo o que se mostrou problemático ou distrativo acompanhou o sucesso: possibilitou que as pessoas abrissem as portas. Queríamos um sucesso maior e mais amplo, embora tenhamos descoberto, no final das contas, que era prejudicial ao sucesso do KISS. Mas precisamos conquistar o sucesso para perceber isso. Nós tivemos que fazer tudo. Fomos compelidos. Nós precisávamos.

Além disso, eu não poderia ter escrito "100,000 Years" naquele momento. Eu ainda estava no processo.

Felizmente, como minha mãe dizia: "Não há mal que nunca acabe."

Afinal de contas, *Creatures of the Night* não teria acontecido se não fosse pela nossa postura de não ceder a regras nem a limites, e por uma tentativa de recuperarmos nossa identidade — se não recriássemos o que tínhamos sido, pelo menos retomaríamos nossas *razões*. *Creatures* foi o divisor de águas. Foi a mudança por todas as razões certas. Foi uma versão empolgante e sobrecarregada de tudo o que o KISS tinha feito até então.

Foram precisos esses erros, o comodismo e o estalo criativo para que *The Elder* nos colocasse de volta na estrada certa. Eu nunca desejei tanto o sucesso e uma saída para minha criatividade musical mais desesperadamente do que quando a vi se esvaindo, quando vi o comodismo e os venenos do sucesso destruindo minha conexão com o que me fez querer buscá-lo. Os últimos 35 anos do KISS não teriam acontecido se não tivéssemos ficado à beira do precipício.

Não me arrependo de absolutamente nada em relação ao KISS, porque estou bem aqui, quase 50 anos depois.

Muitas pessoas dizem que não se arrependem como uma forma de teimosia. Quando ouço isso, fico com a impressão de que o que realmente estão dizendo é: "Não cometo erros"; mas eu estou dizendo: "Cometo erros, mas os erros ainda são válidos."

Erros são o que me trouxeram aqui.

Como diz o ditado: "O comunismo é o caminho mais longo e mais doloroso do capitalismo ao capitalismo."[3] Da mesma forma, o mal-estar que sentíamos — independentemente de estar ou não acontecendo — era necessário para tirar o KISS de onde estávamos e trazê-lo para cá. Foi um longo caminho de volta para casa, mas precisávamos vivê-lo.

Por que não?

---

[3] A citação vem do artigo "In Hope and Dismay, Lenin's Heirs Speak" ["Com esperança e desânimo, os herdeiros de Lenin falam"] da edição do *New York Times* de 22 de janeiro de 1989. [N. da T.]

6

DOMINE SEUS ATOS, DOMINE SEUS RESULTADOS

Quando eu era mais jovem, tinha muitos sins e nãos, regras quanto ao que exigia de mim e dos outros. Durante a minha adolescência e meus 20 e poucos anos, o que eu considerava como um comportamento aceitável das pessoas ao meu redor era extremamente rigoroso. Mas descobri que esses parâmetros não se baseavam em experiência de vida. Meus padrões baseavam-se em algumas noções malucas que, quando criança, eu criara em minha mente, todas enraizadas em minha experiência limitada pelos muros da minha casa. As regras tinham sido estabelecidas de forma arbitrária.

Acontece que não podemos simplesmente inventar esses tipos de regras ou parâmetros. Nós nos preparamos para o sofrimento ou o fracasso, esperando coisas de nós mesmos que não são realistas ou se baseiam em fantasias. Temos que experimentar a vida antes de sabermos o que é e o que não é aplicável e positivo para nós.

Dificultei minha vida, e ficou mais difícil também socializar e fazer amigos, impondo a todos esses padrões — uma perfeição inflexível, quase mecânica —, que ninguém conseguia alcançar. Qualquer erro que alguém cometesse ou qualquer coisa que me incomodasse era motivo para ser expulso do meu círculo.

Uma vez uma namorada me disse: "Você nunca vai ser feliz, porque é muito crítico e espera demais de todo mundo." Ela estava certa. Eu não era feliz. É uma má ideia criar — mesmo de forma inconsciente — uma situação na qual ficamos fadados ao fracasso. Há uma diferença entre estabelecer um nível de exigência alto e definir uma meta impossível. Isso vale para todos.

Uma das coisas que acho interessantes a essa altura da minha vida é olhar para trás e me lembrar de coisas que disse e fiz a amigos e namoradas que, avaliando agora, vejo que foram terríveis — mas que estavam de acordo com o comportamento dos meus pais. Isso tornou muito difícil para algumas pessoas ficar perto de mim, e certamente afetou alguns de meus relacionamentos.

Minha mãe às vezes dizia para mim, meu pai ou qualquer pessoa: "Quem você pensa que é?" É uma coisa horrível de se dizer, mas, quando era jovem, eu não refletia sobre isso. Se estivesse com raiva ou alguém dissesse ou se comportasse de um jeito que eu não gostava... "Quem diabos você pensa que é?" Pode ser intimidante ouvir algo assim, e, para piorar, eu dizia como se estivesse zangado com a pessoa.

Eu sabia que era humilhante e desdenhoso. Mas dizia mesmo assim.

Outra coisa que me lembro de dizer em discussões ou conversas era: "Assunto encerrado." E funcionava às vezes, ainda que com a mesma frequência a pessoa olhasse para mim e respondesse: "Você está louco? Essa discussão ainda *não* está encerrada."

Eu deveria ter me olhado no espelho e perguntado: "Quem diabos *você* pensa que é?"

Parte da minha estratégia para estabelecer uma sensação de segurança e proteção era manter as pessoas no padrão que estabeleci, que era rígido demais para ser realista. Na época, sentia segurança em decidir limites, como as pessoas poderiam se comportar, o que era aceitável e o que não era. Isso me dava uma sensação de controle sobre as situações — embora, é claro, fosse uma ilusão.

Uma das primeiras vezes que me lembro de ter sido forçado a examinar meu próprio comportamento — minhas próprias falhas, na verdade — foi em uma turnê, em 1979. Uma mulher que trabalhava nos bastidores, no serviço de alimentação, onde podíamos jantar, me deu uma inesperada lição de vida. Eu estava com a banda e alguns membros da equipe, e estávamos brincando e tirando sarro de algumas pessoas enquanto comíamos. Isso deixou a mulher visivelmente perturbada. Foi uma forte reação emocional: eu diria que ela estava horrorizada.

"Tudo bem", assegurei a ela. "Eles não se importam. Eles gostam disso."

Acho que estava tentando negar a crueldade como parte das palhaçadas típicas dos bastidores.

"Isso não é o que importa", disse ela. "Você não trata as pessoas da maneira que elas permitem que sejam tratadas. Você as trata como *acha* que elas merecem. Você as trata com o respeito que *você* esperaria."

Suas palavras foram uma marretada na minha cabeça, e até hoje não as esqueci. A maneira como ela falou foi tão articulada e concisa, que imediatamente entendi. Não que eu tenha me visto como cruel, mas de imediato percebi que aquele comportamento que eu julgava aceitável era, na verdade, totalmente inaceitável. E foi preciso que alguém o apontasse para mim para que eu o percebesse. O sentimento era, é claro, algo que eu certamente sabia que estava certo, mas nunca tinha pensado o suficiente no contexto do meu próprio comportamento. Eu, a criança que foi maltratada no pátio da escola, tirando sarro de alguém? O que diabos eu estava fazendo? Eu não gostaria que alguém fizesse isso comigo, então por que fazia com os outros? Uma vez que a mulher expressou essas palavras, percebi que estava errado. Foi uma crítica valiosa e construtiva.

Na mesma linha, foi interessante olhar para trás e ver que eu não era tão inocente ao lidar com namoradas, esposas, colegas de banda — quem quer que fosse.

No KISS Kruise de 2017, passei um tempinho com a ex-mulher de Peter Criss, Lydia. Fizemos um painel de perguntas e respostas com ela; Michael James Jackson, que produziu *Creatures of the Night* e *Lick It Up*, e nos ajudou a voltar aos trilhos nos anos 1980; e nosso primeiro segurança, "Big" John Harte. Foi fantástico, e as pessoas fizeram ótimas perguntas. Eu não via Lydia há muito, muito tempo. Quando era casada com Peter, nossa relação era delicada e desconfortável às vezes, embora, avaliando hoje, vejo que ela não era a única culpada. No Kruise, teria sido fácil evitar o contato com ela por causa das experiências de décadas atrás. Mas também teria sido uma oportunidade perdida. Eu tinha minha parcela de culpa nessas relações tensas.

Eu esperava que ela não fosse a mesma pessoa que era naquela época, e sabia que eu não era, então a ideia de ver alguém sob uma nova luz era interessante. Em última análise, eu queria revê-la — e foi realmente ótimo. Foi gratificante e abriu muito mais perspectivas do que viver apegado ao passado. É sempre bom termos a chance de celebrar com alguém do lugar em que estamos hoje, em vez de nos deixarmos levar pela discórdia de onde estivemos. Foi um encontro e uma celebração de para onde a estrada nos levou.

Eu me pergunto por que brigava com pessoas como Lydia. Às vezes, tendemos a entrar no ritmo de fazer algo de uma determinada maneira. Revê-la, dar-lhe um abraço e apresentá-la à minha família foi incrível — e acho que nós dois nos sentimos assim.

Isso também foi similar ao que eu esperava da reunião com os membros originais do KISS, em 1996. A ideia, pelo menos para mim, era aproveitar nosso crescimento pessoal para corrigirmos alguns erros e seguir em frente. Essa esperança logo acabou. Mas vejo um grande potencial de recompensa em rever situações antigas e velhos amigos ou pessoas do nosso passado depois de termos uma nova perspectiva. Isso acaba com as dúvidas que guardamos e nos permite refletir sobre o que causou os problemas, em primeiro lugar. Com esse acerto de contas, é possível remediar, corrigir e seguir em frente; sem os "e se" — eu não quero "e se" na minha vida.

Eu via Peter e Ace, quando deixaram a banda, baseado não apenas na minha perspectiva naquela época, mas também em como eu os havia afetado com meu próprio comportamento. Então achei que valeria a pena curar as feridas. Não aproveitar essa oportunidade — ao menos para resolver muitas questões — seria um desperdício. Embora algumas pessoas não tenham visto a oportunidade da mesma maneira. No início da turnê, parecia um recomeço, mas esse sentimento não durou.

É claro que, no caso de uma banda, qualquer reunião é complicada por fatores musicais também. Quando Peter voltou ao KISS, ele nasceu de novo: era um membro do KISS que renasceu. Ele ficou feliz em saber que estava de volta e parecia ciente dos erros que cometera. No início, disse que nunca mais cometeria os mesmos erros. Então, suas deficiências musicais não teriam sido intransponíveis se continuasse disposto a se dedicar à bateria — como da primeira vez. Ele estava muito receptivo a ajustes. Não digo "críticas", prefiro chamá-las de "orientações úteis". Isso era algo com que ele nunca conseguiu lidar no passado.

Infelizmente, as coisas com Peter mudaram drasticamente quase que da noite para o dia.

Nos anos 1970, Bob Ezrin, que produziu o *Destroyer*, fez com que Peter tocasse coisas que pareciam impossíveis para ele. Mas Peter as descartou. Isso se relaciona ao fato de que sabemos o quanto algo vale para nós de acordo com o quanto nos dispomos a nos dedicar — e, quando a reunião começou, Peter não estava disposto a trabalhar para melhorar seu desempenho. Ele se entregou a uma situação destrutiva. Lembro-me de pensar: *Se você é John Bonham e é idiota, isso é uma coisa… se, por outro lado, você mal consegue tocar e é idiota, então por que está aqui?*

Claro, no final das contas, a única pessoa que posso mudar é a mim mesmo.

Para que uma banda funcione, todo mundo tem que fazer seu trabalho e contribuir com o que é necessário para fazê-la dar certo. Quando alguém não faz isso, não posso assumir a responsabilidade. Não posso fazer mais por eles, como não posso compensar o que outra pessoa faz de errado em qualquer tipo de relacionamento problemático.

Com Peter, no final das contas, não se tratava de ele não saber tocar, mas do *motivo* para ele não saber. A questão dizia respeito a ele como pessoa — a incapacidade de se comprometer em ser o melhor que pudesse, sua falta de tesão no trabalho. Essa era a questão.

E, até certo ponto, o mesmo aconteceu com Ace. Mais uma vez, os mesmos ressentimentos que atormentaram os primeiros dias da banda ressurgiram, e vieram de fatores internos. Eu me tornei o alvo, a personificação daquilo com que os caras lidavam em âmbito pessoal.

Durante toda a reunião, Peter achava que as pessoas do serviço de quarto o desrespeitavam. Ele apontava e culpava a todos. Era como se a maioria dos hotéis contratasse sua equipe com base na capacidade de desrespeitar Peter Criss, porque ele achava que as pessoas faziam isso em todos os hotéis do mundo. O que poderíamos fazer a respeito? Acredito que, se todos estivéssemos comprometidos em nos aprimorar como músicos e trabalhar em equipe, se tivéssemos entendido nosso lugar na equipe e trabalhado individualmente para melhorar o que fazíamos, conseguiríamos continuar.

Quando Ace e Peter saíram da banda, nós, os remanescentes, a erguemos do chão e a refizemos. Logo, não havia como Ace e Peter voltarem e tudo ser como era antes. Além disso, durante aqueles anos — os anos em que tiramos a maquiagem —, aprendi sobre muitos aspectos da indústria e das turnês que não conhecia. Assim sendo, Ace e Peter voltarem e ser considerados iguais era impensável. Foi lamentável eles se preocuparem com quanto dinheiro ganhei em comparação a eles. Muitas pessoas no mundo são mais ricas do que eu, cada um é cada um.

Foi triste. Mas não criei caso com isso.

Ainda assim, era ótimo nos reunirmos, porque isso trazia à tona todos os mal-entendidos e as expectativas. Sem esse reencontro, eu teria que viver com esses pensamentos. Mas, desde então, tenho dormido em paz com minha consciência, tenha certeza.

Evito as coisas o máximo que posso, mas há aquele momento em que sei que não adianta mais. Quando é o suficiente? Quando é o suficiente. É simples assim.

Cheguei a um ponto em que estava confiante de que a banda não estava falhando por minha causa. Eu a levei para uma direção diferente, e, como ainda fracassava, apesar dos meus esforços, a culpa não era minha. Eu estava ciente daquilo com que a banda teve que lidar — minhas falhas e minha inflexibilidade, minhas inseguranças e defesas —, mas, em 1996, de 15 a 20 anos depois, eu era outra pessoa.

Desde o início, o pensamento original por trás do KISS era o de que nós quatro precisávamos trabalhar igualmente; cada um tinha que dar 100% do que era capaz. Claro que não tem como ter essa equivalência em todas as músicas. Nem dentro da banda como um todo. Nós não éramos iguais em termos de contribuições criativas, tanto na música quanto na imagem geral ou na presença de palco. Mas, para equilibrar o trabalho, tivemos que contribuir o máximo de acordo com o que cada um podia.

E, mais uma vez, aqueles caras não estavam fazendo isso.

Mas, novamente, alguma coisa ruim chegou a acontecer?

Acho que não.

Nós lidamos com a gestão de crises com o passar do tempo. Tenho certeza de que Ace e Peter hoje ficam confusos ou desdenham de como evoluímos e do que Gene e eu conquistamos na vida, mas a ironia é que sem os dois não haveria esse hoje. Mesmo assim, eles tiveram que perceber que o que é verdadeiro hoje não será necessariamente verdadeiro amanhã — estar em uma banda não é um direito de nascença.

Quando o KISS começou, acreditávamos que éramos um por todos e todos por um, e assim continuaria até o final. Bom, tudo vai bem até você não acreditar mais. E aí, o que fazer? Jogar a toalha e ir para casa? Cada um tem que decidir. Eu estava em uma banda com outros três caras que compartilhavam um sentimento de camaradagem e comprometimento com essa força chamada KISS. Como muitas coisas na vida, presumi que isso fosse durar para sempre. Como também pensamos sobre os casamentos.

O que acontece quando o para sempre[1] termina?

Recuso-me a deixar que alguém decida o meu destino. Recuso-me a deixar que alguém decida minha experiência de vida, porque temos apenas uma chance de viver. Recuso-me a deixar um colega nocivo estragar uma banda boa. Recuso-me a deixar que um casamento complicado impeça que eu me abra para acreditar que é possível ter um bom. Recuso-me a deixar que um casamento problemático me torne cético sobre os ideais de um ótimo casamento.

Cada pessoa tem que estabelecer as próprias regras para viver e, como eu disse, procurar rever e melhorá-las com base em sua experiência.

Se alguém não quiser seguir as regras, que encontre outra pessoa que se adapte. Fiquei chocado quando um terapeuta me disse uma vez: "Se você está se esforçando muito para fazer um relacionamento dar certo, não deveria estar nele."

Eu fiquei meio: "Oi? É simples assim?"

Sim, é.

E não acho que família tenha passe livre. O fato de ter laços de sangue com alguém não deveria permitir que essa pessoa suje, comprometa ou prejudique sua vida. Esta é a única vida que terei, pelo que sei, então não me importo se é um irmão, mãe, pai ou outro parente — manchar ou diluir minha experiência ou a experiência das pessoas com que me preocupo é inaceitável.

---

[1] No original, *forever*; a ideia de "para sempre" de todo o trecho faz referência a um dos maiores sucessos da banda, "Forever", lançado no álbum *Hot in the Shade*, de 1990. "Forever" foi tema da novela *Rainha da Sucata*, da Globo, no mesmo ano. [N. da T.]

Se você tem que se esforçar muito por um relacionamento, não deveria estar nele — não importa o que aconteça. Às vezes, todos tornamos as situações muito mais complexas do que precisam ser. Em comparação com as regras complicadas e irrealistas que tentei impor quando era mais jovem, isso é algo incrivelmente simples e totalmente baseado no senso comum e na realidade.

PARTE DOIS

RELACIONAMENTOS E FAMÍLIA

7
VIVA PARA OS OUTROS E VIVA PARA SEMPRE

Hoje em dia, como meu estado de espírito é diferente, penso nas coisas positivas que tirei da minha infância — talvez em um esforço para entender o máximo possível como posso criar melhor os meus filhos. Também acho que, quando passamos por esse processo de desprogramação ou desaprendizagem, olhamos para o passado de uma nova forma, e seus aspectos negativos não nos controlam do mesmo jeito.

Lembro-me de que minha mãe coçava minhas costas quando eu era pequeno, e aquilo era a melhor coisa do mundo. Só ela sabia coçar minhas costas daquele jeito. Ela também me ninava, e eu adorava ficar no colo dela. Identifico-me muito com o jeito dela de cozinhar. Quando faço bolo de carne para meus filhos, sempre digo a eles: "Vocês sabem quem fazia um bolo de carne maravilhoso? Omie."

É interessante perceber a figura controversa que minha mãe foi na minha vida.

Mais uma vez, meus pais podem ter pisado um pouco nos filhos, mas não acho que eles queriam nos machucar, não de forma consciente. Foi o que vivenciaram quando cresceram — a ideologia de que não se deve deixar os filhos muito à vontade, elogiá-los ou lhes dar muita aprovação, achando que assim eles se tornam mais fortes. E eu rio, porque sei que a melhor maneira de tornar os filhos preparados para a vida é fazer com que se sintam seguros.

Sempre houve uma falta de sintonia entre meus pais e eu. Ainda assim, eles sempre se mostraram presentes. Podem ter sido incoerentes e errantes por causa das próprias histórias de vida, mas, diferente de muitos pais, sempre disseram, mesmo quando eu já era adulto: "Você pode nos ligar a qualquer hora."

Esse não era o caso para muitas pessoas que eu conhecia. Os pais delas lhes diziam que não ligassem depois das dez da noite. Meus pais? Lembro-me de ligar para eles de madrugada. Apesar do que faltava, eles estavam lá para mim da melhor maneira possível. E isso é importante. Quando terminei um relacionamento nos meus 30 e poucos anos e estava bem pra baixo, minha mãe veio à cidade me ver. Era um contraste estranho: apesar de suas deficiências, meus pais estavam sempre preocupados comigo. Quando estava passando pelo meu divórcio, no final dos anos 1990, liguei para minha mãe e chorei de soluçar.

Então tenho que dizer que, apesar de todos os aspectos duvidosos e nocivos do nosso relacionamento, meus pais estavam lá de maneiras que muitos não estão. Sei que me concentro mais em suas falhas, mas ambos tinham um outro lado, muito comprometido e dedicado. E este é o lado que eu gostaria de imitar — sem a contraparte, espero.

Isso retoma a ideia de que nunca morremos, porque deixamos um pouco de quem somos, o lado bom e o ruim, em nossos filhos e nos filhos deles. Quem somos e quem nos tornamos têm suas consequências. O modo como vivemos é importante, porque é o que transmitimos aos nossos filhos e aos que nos rodeiam — e é o que nos faz sentir vivos.

O espírito da minha mãe vive no que carrego dela. Não consigo fazer um bolo de carne sem pensar nela. Não consigo comê-lo sem pensar nela. Fiz o bolo de carne em uma das visitas recentes ao meu pai, e ficou claro para ele o que aquilo significava. Então, sim, eu carrego o lado bom e o ruim. O ruim, que aprendi a aceitar; e o bom, que abraço com carinho.

É claro que tenho memórias queridas, que mantêm minha mãe viva para mim. Ainda assim, embora eu não entenda muito bem por que, lido bem com a ausência dela. Antes de ela morrer, eu estava com muito medo de sua partida, mas o que aconteceu foi diferente do que eu esperava. Sua morte foi massacrante quando ocorreu, é claro — transformou minha vida. Sempre seremos filhos dos nossos pais. Mas, desde que ela se foi, a falta dela não me faz mal. Fisicamente ela não está aqui, mas o que ficou dela para mim permanece. Então, por alguma razão, o único vazio que sinto é por não conseguir vê-la, mas só isso mudou. O que eu vivi com ela ainda está aqui.

Quando meu pai se for, será muito mais difícil — porque ele representa minha conexão com meus pais. A perda mais profunda é quando ambos os pais se vão, porque ficamos órfãos; não importa quantos anos tenhamos, somos crianças sem pais. Uma vez que meu pai se for, temo que eu me torne o que realmente somos: uma criança. E, nesse momento, somos crianças que foram abandonadas, por falta de uma palavra melhor. Essa eventualidade me aflige.

Estou ciente de que, para todos os meus filhos, em seus estágios de desenvolvimento, faço parte de quem são e de quem se tornarão, e assumo meu papel. Há conforto em saber que meu caminho para a imortalidade será pavimentado ajudando meus filhos a encontrar o próprio caminho. É difícil para as pessoas pensar no mundo sem elas ou deixando de existir. A maior parte das religiões, sua escrita e articulação, é apenas uma forma de as pessoas se familiarizarem com a finitude da vida. Não tenho problema com isso, porque, na minha opinião, as pessoas continuam a existir. Histórias de vida após a morte podem ajudar as pessoas em sua luta com a ideia do mundo sem elas. Mas adivinha? O mundo existiu antes de estarmos aqui, e continuará sem nós. Deixamos nossa marca, e, pelo menos para mim, isso é reconfortante o suficiente.

Saber que continuamos consola. Embora isso não tenha me ocorrido até ter filhos. Até então, eu me questionava sobre a vida. Qual seu sentido? Bem, agora sei que é o que fazemos em nossa vida e o legado que deixamos. Isso é muito tranquilizante e eliminou muitas das minhas questões.

Assim, da mesma forma, minha mãe e meu pai continuam como uma receita de bolo de carne, lembranças de minhas costas sendo coçadas e de idas a museus. Eles ainda estão comigo.

E, como me envolvo com meus filhos — e já vejo isso com Evan, porque é o mais velho —, sei que estarei ainda mais presente para eles.

Ficamos naquilo que incutimos em nossos filhos. E isso é fundamental para seu desenvolvimento como pessoa e para o quanto de nós continua neles. Dessa forma, ficamos ligados. Eles sabem disso, e nós também. Evan e eu somos muito próximos por causa das situações pelas quais passamos, do que conversamos e compartilhamos. Isso começou cedo. E já vejo exemplos disso com Colin, Sarah e Emily também, nas perguntas que fazem, e em como Erin e eu as respondemos. Eles são uma continuação de nossa contribuição, nossa influência, nosso espírito. A vida é isto: nosso espírito vive naqueles que nos rodeiam, nas pessoas que mais afetamos.

Obviamente, para mim, os filhos fazem parte dessa equação. Mas também interagimos com pessoas que não são da família, por meio de nossa contribuição para os outros. O bem nunca é excessivo, e cada vez que o fazemos, há dois beneficiários: a pessoa que ajudamos e nós mesmos. Sim, sei que é piegas. Se alguém dissesse isso para mim 20 ou 30 anos atrás, eu acharia estúpido. Mas acho que, à medida que trilhamos nosso caminho, descobrimos algumas respostas. E é verdadeiro que ajudar outras pessoas a alcançar seus objetivos ou ajudá-las em suas lutas significa que elas nos levarão com elas. Quando fazemos algo de bom às pessoas, elas se lembram disso.

A melhor coisa que fiz na vida foi deixar de ser crítico — parar de julgar e deixar de ser intolerante e insensível. Depois que deixei essas coisas de lado, o mundo pareceu melhor. Pareceu menos sinistro, menos ameaçador e menos feio. Passar a enxergar o mundo assim acrescenta todo um aspecto existencial no sentido de nos orgulhar do que fazemos, e de o fazermos em prol de nossa edificação pessoal. Também há um tipo de escopo cósmico. Porque não é tudo em vão. Era assim que eu pensava, e muitas pessoas provavelmente também pensam isso.

Qual é a lógica?

Bem, acontece que a lógica é que podemos deixar nossa marca, uma marca que nos manterá presentes além do tempo que passamos aqui na Terra. É impossível vivermos para sempre, mas nosso espírito pode permanecer por meio do que comunicamos às pessoas ao nosso redor.

8

A VIDA VALE A PENA QUANDO VOCÊ MOSTRA AOS OUTROS QUE ELA TEM SENTIDO

Dizem que os dois dias mais importantes de nossas vidas são o de nosso nascimento e aquele em que descobrimos nosso propósito. E essa é uma grande sacada.

Exceto pelo fato de que não há um único dia em que não o descubramos. A vida nos dá propósitos de forma contínua. Vivê-la e absorver tudo o que ela oferece é um processo contínuo.

Sem dúvida, ter filhos foi um momento decisivo na minha vida, porque percebi que ser pai — um bom pai — poderia ser a razão mais importante para eu ter nascido. Embora ser pai, também, seja um processo que evolui. Como a vida é um aprendizado constante, ser pai também é, e nossos sonhos e metas mudam como resultado das circunstâncias e da experiência.

Na jornada da paternidade, sua importância foi reafirmada. Quando avaliamos nossas ações, fortalecemos, reavaliamos e conhecemos nosso propósito constantemente. Com o tempo, várias formas de proteger e orientar meus filhos, e continuar nesse processo, são somadas ao porquê de eu estar aqui.

Até mesmo a ideia de ser pai ou mãe muda. Algumas pessoas pensam que ser pai ou mãe significa estar "presente" e cuidar de seus filhos — mas como se define isso? Ninguém precisa ser pai ou mãe para alimentar alguém, por exemplo, e esse nem deveria ser o maior objetivo.

Eu estava conversando com minha filha Sarah recentemente e, de repente, disse: "Não consigo acreditar que sou seu pai." Eu já disse isso a ela antes — digo isso para todos os meus filhos. O que quero dizer é que sou imensamente abençoado por ter conseguido chegar aqui.

Quando estabelecemos metas a respeito de como queremos ter sucesso na vida, não temos acesso ao escopo completo das possibilidades; então, só podemos imaginar aquilo que compreendemos. A alegria de ser pai e ver essas pessoas que são parte de mim é alucinante.

Há um certo fator instintivo incrível em ser pai, e parte desse poder que sinto vem de algo inconsciente. É transcendental. É o que fundamenta a religião e a espiritualidade. A afirmação derradeira da vida é o nascimento. Embora não seja exatamente explicável, é impressionante entender, de repente, o sentido da vida e como ela se perpetua, e como, de alguma forma, nunca morremos de fato.

Somos os resquícios de nossos pais e continuamos em nossos filhos.

Essa percepção foi tão impactante para mim, que, mais uma vez, abriu uma porta para algo que eu nem sabia que existia: o potencial para dar a uma criança tudo o que não tive e, no processo, me curar. Há uma plenitude recíproca.

Percebi que a melhor forma de liderar é pelo exemplo. Eu me torno uma pessoa melhor quando me certifico de que não sou apenas honesto comigo mesmo, mas também com meus filhos. Eu me pergunto: *Esse comportamento é um bom exemplo para meus filhos?* Pensar dessa maneira elimina muitos dilemas morais. É uma reflexão simples. Mesmo se eu não tivesse filhos, poderia aplicar o mesmo pensamento de uma maneira mais ampla: *Esse é um comportamento que eu poderia defender honestamente para as futuras gerações?*

Uma empresa de tabaco já ofereceu patrocínio ao KISS, com uma boa contraparte financeira, em uma época em que tentávamos reerguer a banda durante mudanças de pessoal e tumultos, e nosso dinheiro estava secando. Mas, se tivéssemos aceitado aquele dinheiro, como eu o explicaria aos meus filhos? Nós descartamos. Mais tarde, quiseram fechar uma parceria comigo para criar um livro de mesa de atrizes pornô, e minha postura foi a mesma. Não importava o eufemismo que eu usaria, mais uma vez, voltava à ideia: como eu explicaria aos meus filhos? Bem, não dava, então foi outro não.

No caso da pornografia, especificamente, as pessoas têm que decidir se é adequado para elas. Para mim, o livro endossava algo com o qual não compactuo, e eu participaria apenas pelo dinheiro. Quero que meus filhos saibam que o dinheiro não muda meus valores. Se espero que repliquem minhas atitudes, precisam ver que são condizentes com meus valores. O que fazemos inspira as pessoas muito mais do que o que dizemos. Não captei bem isso até ficar mais velho, mas agora é meu mantra para criar filhos: liderar pelo exemplo. Não é o que eu digo; é o que eu faço. Ou como ouvi outro pai dizer: "As palavras se perdem no vento."

Às vezes, as pessoas olham para casais sem filhos e pensam: "Nossa, que triste!" Bem, quem pode dizer? Ninguém é automaticamente um bom pai. Nem sempre damos aos nossos filhos o melhor para eles — mesmo que, como aconteceu com meus pais, tenhamos a intenção. Nem todo mundo prioriza os filhos — algumas pessoas são egoístas demais para fazê-lo. Não acho que baste ter um filho para desenvolver esses desejos ou motivações.

Minha infância me levou a procurar formas de validação, porque não a obtive em casa. Agora, como pai, vejo que é importante dizer aos meus filhos que estou orgulhoso quando realizam algo. Mas também é importante — muito importante — dizer: "Como *você* está se sentindo?" Isto é, colocá-los em contato com os próprios sentimentos, para que não dependam da *minha* aprovação, mas a busquem dentro deles. Como Colin e Sarah são ótimos alunos, com pontuações e notas que eu nem de longe tive, o meu "Cara, isso é fantástico!" virou um "Como você está se sentindo? É legal fazer um trabalho incrível?"

Quero que todos os meus filhos percebam que suas realizações fazem com que *eles* se sintam bem, antes de me deixarem orgulhoso. Quero enfatizar as recompensas interiores de se fazer um bom trabalho, não apenas os elogios, que são algo externo. O reforço positivo é ótimo, mas igualmente importante é ensinar às crianças que o sucesso acalenta a alma. As realizações devem fazer com que se sintam bem, sem que a aprovação dos outros se torne mais importante do que a que eles sentem.

Considero isso vital para meus filhos. Para mim, é crucial falar essas coisas, porque não as ouvi quando era criança. Mas, novamente, é importante dizer: "Como você está se sentindo?" É o que conecta os pontos.

Isso faz meu pai se sentir bem, mas eu também me sinto muito bem.

Sempre quis dar o melhor aos meus filhos, para fazê-los apreciar as coisas que aprecio. A validação tem muitas formas. Recentemente, Colin estava olhando pela janela do nosso quarto e me disse: "Pai, olha que lindo aquele pôr do sol." Percebi que, como pais, estávamos fazendo a diferença: meus filhos viam a beleza do mundo, o que, para muitas pessoas, passa despercebido. Esta é a vida me legitimando. Isso significa que vou deixar como legado algo maior do que eu.

Anos atrás, comentei com alguém que meu filho mais velho, Evan, tinha ótimas bases, era muito consciente das questões sociais e de suas obrigações com o mundo e com a sociedade. E acrescentei: "Tudo do que eu não tinha a mínima noção na idade dele." Evan está muito além de quem eu era aos 20 e poucos. Aos 9 anos, Sarah tem uma compaixão e uma empatia pelos outros que são profundamente tocantes, resultado do que ela vê em casa, que incorpora e transmite do seu jeito. Emily, aos 7 anos, tem uma compreensão das interações sociais e uma confiança que fazem dela uma das crianças mais engraçadas e alegres que já vi. O fato de as outras pessoas concordarem, e de ela ser minha filha, só me faz sentir ainda mais recompensado. Esses aspectos não tinham peso em minha vida quando eu era mais jovem, mas hoje vejo que são a recompensa máxima, a medida definitiva do valor da minha vida. Estou fazendo algo certo, e isso é a vida que afirma.

Olha, todo mundo acha que seus filhos são especiais. Quando outras pessoas concordam, é gratificante. Esses elogios significam muito para mim. Adoro quando alguém se aproxima da minha família em um restaurante e diz: "Você é um ótimo pai." Bem, eu sei disso, mas também é bom ter esse reconhecimento.

Como falei, não acredito que tentar ser um ótimo pai seja uma postura universal. Vi uma mãe olhar para o filho — que não tinha mais de cinco anos — e dizer: "Você me deixa doente." Então, não, não dou esse crédito para qualquer um. Ter um filho não torna ninguém automaticamente um excelente pai. Para mim, ter filhos se fundamenta no desejo de dar aos meus filhos o que eu cobiçava e queria desesperadamente quando era jovem. Não falo de bens materiais, mas de valores, da sensação de plenitude por estar no mundo, de se libertar dos julgamentos — tudo o que não tive. Tenho a oportunidade de preparar meus filhos de uma forma que não fizeram comigo e colher as recompensas; porque acredito que nos curamos quando fazemos o bem aos outros.

Quando se trata de viver em outra geração, fico feliz que as coisas que consegui aprender, independentemente dos meus pais, estejam sendo transmitidas agora. Estou quebrando o ciclo. Não é equivalente, mas uma criança que foi abusada tem duas escolhas: tornar-se agressor ou ser o oposto. Eu sei o que vi. Sei como fui tratado. Estou determinado a seguir uma estrada diferente com meus filhos.

Às vezes, fico chocado com o que vejo por aí. Fico chocado quando os pais ainda se colocam, de um jeito ou de outro, antes dos filhos. Não consigo entender. Vejo pessoas que dizem que colocam os filhos em primeiro lugar, mas são cheias de condições. Não faça isso. Priorize-os.

Quero ser o melhor pai que puder para meus filhos. Eu espero isso de mim mesmo. Quando meu filho mais novo, Colin, diz "Você é o melhor pai do mundo", eu digo "Isso significa muito para mim. Eu tento." Lembre-se, a maioria das crianças dirá que seus pais são os melhores do mundo, mas quero que meu filho saiba que me esforço para isso. Eu *tento*. *Quero* ser o melhor pai. Quero que ele saiba que não é algo que trato de forma leviana.

Essa postura é diferente da que a maioria das pessoas adota. E as recompensas são muito maiores. Ela elimina muitas possibilidades ruins, porque as crianças estão sendo guiadas e motivadas por seus pais. Sim, elas serão quem são, e cada uma será diferente, mas começam a vida como uma lousa em branco, e nós, pais, escrevemos o texto inicial. Damos aos nossos filhos os valores que fundamentarão sua visão de mundo — e poupamos muitos problemas se esses valores forem sólidos.

Não mudaremos a personalidade de nossos filhos ou suas aspirações, mas lhes daremos seu código de honra, sua ética e moral. Podemos explicar-lhes essas coisas ou eles podem vê-las em ação. Quero garantir que meus filhos as vejam na prática.

Algo particularmente importante para transmitir aos nossos filhos é a diferença entre tolerância e aceitação, porque quero ajudá-los a se tornarem imparciais e empáticos. Vejo uma espécie de movimento baseado na ideia de tolerância, mas ela não me interessa. Não é de tolerância que se necessita, mas de aceitação. Acolhimento. Nós toleramos a dor. Nós toleramos a tristeza. Mas isso não representa aceitar tudo de bom grado. Aceitação é uma escolha.

A tolerância é um bom padrão legal para minimizar a discriminação. Mas falo de algo em um nível mais pessoal, como a diferença entre a lei e a ética. As pessoas podem estar do lado da lei, podem se levantar e dizer "Não violei a lei", mas agir de forma terrivelmente antiética. Não estou interessado em ensinar meus filhos a tolerar as diferenças. Quero ensiná-los a aceitá-las e acolhê-las.

Qualquer um pode citar a Bíblia; e é possível encontrar de tudo nela, da brutalidade à gentileza. Mas qualquer um que a use para fomentar ódio ou intolerância, ou para endossar que alguém irá para o inferno, não está fazendo do mundo um lugar melhor. Descobri que ser gentil e receptivo — e entender como a vida pode ser difícil para os outros e como todos merecemos ser amados e felizes — torna a vida muito melhor. Dar isso aos meus filhos logo de início, em vez de deixá-los tropeçar, como eu, é um presente para eles e para mim. Carregar ódio, intolerância ou julgar os outros é péssimo.

O ponto de partida é: quem somos nós para julgar os outros? Quem somos nós, por exemplo, para decidir ou julgar quem alguém deve amar? Somos abençoados por encontrar o amor. Se meus filhos veem alguém à margem da sociedade, eu lhes digo para imaginarem como a vida dessa pessoa é difícil, quão corajosa ela deve ser. Se vemos um morador de rua, lembro aos meus filhos de que ele também já foi uma criança na escola sonhando em ser presidente ou alguém famoso.

Quero mostrar a face mais humana de todas as coisas.

Quero que os meus filhos saibam que sentir dor, se machucar e chorar é inerente à vida. Eu fiz tudo isso. Apenas pessoas fracas não o fazem. As pessoas fortes passam por isso. Minha missão está clara. Quando os filhotes saem do ninho, precisam estar prontos e ter alguns conhecimentos. Devemos prepará-los não apenas para lidar com a vida, mas para abraçá-la. Não para lutar. Não deveria ser uma batalha. Devemos dar aos nossos filhos as ferramentas para que saiam e consigam aproveitar a vida, educá-los para que consigam lidar com o que precisarem e saberem que são capazes.

É o que nós devemos a eles.

E, se não o fizermos, eles sofrerão.

Sempre achei que me saio melhor nas conversas quando relato minhas experiências. Talvez essas informações iluminem as pessoas. Talvez lhes deem um vislumbre de como aplicá-las à própria vida. Mas não sou ninguém para dizer aos outros como viver, incluindo meus filhos. Quando Evan chegou a uma idade em que eu achava que precisávamos falar sobre drogas, não disse a ele "Não use drogas", embora eu pense assim. Achei que a maneira mais eficaz era mostrar-lhe, em termos mais práticos, a realidade das drogas: "Lembra-se de fulano de tal? Ele está morto. Lembra-se de fulano de tal? Ele está destruído."

Basicamente, é assim que as coisas são. Você tem suas ferramentas. Agora, você decide.

Uso essa mesma abordagem de muitas formas, e os resultados se mostram claramente em quem meus filhos são, como veem o mundo e como o mundo os vê.

9
DERRUBE AS BARREIRAS E VÁ MAIS LONGE

Ninguém gosta de se sujeitar a certas coisas em um relacionamento apenas para manter a paz — isso cria um barril de pólvora. Com o tempo, gera apenas ressentimentos — seja em um casamento, uma amizade ou uma parceria profissional. Não estou contando nenhuma novidade. Mas você deve decidir o que é importante: não pode simplesmente concordar com algo apenas para manter a paz. Isso o consome — e o que a outra pessoa pensará a respeito de você? Quem é você e o que está disposto a defender?

Sei que é desagradável, mas você não pode consertar um dente profundamente cariado sem um tratamento de canal.

Posso assegurar-lhe que, há 40 anos, minha situação atual — um casamento fundamentado em respeito mútuo, com compromissos baseados no apoio recíproco, que lida com questões realmente importantes e dispensa discussões irrelevantes (como a maneira correta de colocar o rolo de papel higiênico) — teria sido tão impossível quanto aprender grego. Mas tudo se resume ao que estamos acostumados a fazer e ao que, em última análise, funciona para cada um de nós.

O cerne dos problemas do meu primeiro casamento era que ambos lutávamos para prevalecer sobre o outro — por causa do que representava *não* prevalecer. Havia tanta coisa acumulada que tudo que discutíamos ou de que discordávamos era, com frequência, apenas um sintoma da luta pelo poder. Nós discutíamos a respeito do revestimento do sofá novo ou da cor que pintaríamos a parede. Mas percebo agora que nada disso era o problema. O problema era o controle — quem estava no comando e quem conseguia o que queria —, que teria sido resolvido se conversado. Decidir a cor de uma parede tinha muito pouco a ver com preferência e tudo a ver com que opinião prevaleceria. É isso que precisamos nos esforçar para evitar: nos ater a coisas desnecessárias, em vez de lidar com o que realmente faz diferença, e deixar que os problemas se manifestem em coisas que não podemos consertar. Em outras palavras, aparentemente, um conflito pode parecer girar em torno de que mobília comprar, enquanto o que realmente está em jogo é quem está no comando.

O KISS passou por problemas semelhantes. No início, rolava certo ressentimento sobre o posicionamento dos membros no palco ou quem tinha mais músicas em um álbum. E, em vez de lidar com isso, tentávamos prejudicar ou superar uns aos outros. Peter, por exemplo, arremessava baquetas em mim quando estávamos no palco. Se ele pudesse, teria enchido o palco de minas explosivas. Ele tinha uma espécie de zona exclusiva em frente à bateria, e, se eu passava por ela durante um show, ele atirava baquetas — em vez de lidar com as frustrações que tinha na vida. Ou com o ressentimento que sentia em relação a mim por eu ser mais jovem e não ter passado pelo que ele tinha passado para chegar aonde estava. Ou com o fato de que as músicas eram minhas ou de que era eu que falava com a plateia. O que quer que fosse. A agressão passiva não é nada mais do que raiva reprimida. Talvez, se ele tivesse lidado com isso, não teria precisado agir assim.

Claro, na banda, todos tivemos sentimentos parecidos em proporções diferentes. Houve ocasiões em que fiquei nitidamente irritado com Gene e, em vez de conversar com ele, fiz coisas que isolaram a ele e a mim. Minha raiva pode ter sido direcionada a coisas que ele fez — dar crédito indevido a si mesmo, conseguir mais entrevistas ou mais fotos —, mas a maneira como eu lidava com ela era sendo um idiota.

Todos teríamos agido melhor se tivéssemos lidado com a verdadeira origem dos problemas que tínhamos. Em vários relacionamentos durante o início da minha vida, pessoal ou profissional, eu não conseguia ou não queria achar a origem do problema. Não estou sugerindo que os problemas são unilaterais. Avaliando o passado, percebo muitos erros meus. Quando um não quer, dois não brigam. Ninguém é inocente.

No contexto do casamento, um aspecto em particular exemplifica, em proporções menores, como eu lido com as coisas hoje: casamento inter-religioso. Erin é católica, e eu, judeu. Era fundamental que falássemos disso antes de nos casar, em vez de nos confrontarmos com a questão mais tarde. Porque o maior impacto de não nos preocuparmos não teria sido sobre nós, mas sobre nossos filhos.

Nos casamentos inter-religiosos, pelo que me disseram, o mais comum é as crianças assumirem que não pertencem a nenhuma religião. Em outras palavras, a menos que seja discutido e acordado entre ambos o que fazer, como as crianças serão criadas e como cada pai ou mãe participará ou não participará, as crianças não saberão o que fazer. Então você vai criar seu filho como budista? Ótimo! Vai educar seu filho como protestante? Fantástico! Judeu? Formidável! Mas, se esse não é o caso, então o que exatamente fará?

No meu caso, por causa da minha educação, herdei a ideia — baseado no que vi com meus pais e parentes — de que meus filhos tinham que ser criados como judeus, e apenas judeus. Mas, ao longo dos anos, descobri que o que devo a mim mesmo e aos meus filhos talvez fosse diferente do que me *disseram* que eu devia, ou diferente do que minha família ou parentes esperavam. Então, no meu caso, mesmo que pareça estranho, dissemos a nossos filhos que eles eram 100% judeus e 100% católicos.

Ninguém quer ser fracionado.

Mas meus filhos entendem a diversidade da família. Nós celebramos o Natal e a Páscoa, e vou à igreja para celebrar alguns feriados católicos importantes. Não por ser católico, mas porque minha esposa é. É óbvio para meus filhos que sou judeu, e fui criado em um lar em que a ideia de entrar em uma igreja era impensável. Mas, ao aceitar a herança religiosa e o passado de minha esposa, fui um exemplo para meus filhos. Aceitar a influência religiosa do cônjuge abre espaço para a autonomia.

Ir à igreja é outra forma concreta de demonstrar empatia aos meus filhos. Digo a eles que a única religião que devem evitar — e da qual não quero participar — é aquela que se apresenta como melhor do que as outras. Ou como a certa. Procuro garantir que meus filhos saibam que as religiões são baseadas na fé, não em fatos. A fé é poderosa, mas ninguém deve descartar a fé de outra pessoa porque acha que a própria é, de alguma forma, mais embasada na realidade factual.

Sinto que devo algo aos judeus e às pessoas com quem cresci, que tinham números de campos de concentração tatuados nos braços. Tenho a responsabilidade de ensinar aos meus filhos sobre o Holocausto e sobre a luta dos judeus. O que eles decidem seguir em termos de teologia depende apenas deles. Mas ser gentil, tolerante, amoroso e generoso é mais importante do que isso.

É claro que, para as crianças, é perfeitamente normal preferir os feriados em que ganham presentes. E, se fizéssemos um resumo dos feriados judaicos, diríamos: "Tentaram nos matar, não conseguiram, vamos comer." Os presentes não são o foco. Meus filhos adoram o Chanucá, e eles precisam saber que não é o Natal de um homem com menos poder aquisitivo. Todo ano, antes de acendermos as velas, eu os faço contar a história do Chanucá, de Antíoco e Judas Macabeu, do óleo que durou oito dias, em vez de apenas um, e pensar no que essas histórias ensinam. Quero que entendam essas histórias e também que há pessoas que querem acabar com a liberdade religiosa, e que não está tudo bem. Sarah e Emily gostam de usar quipás; por que eu diria não? Celebremos a inclusão. Erin participa conosco, todos cantamos juntos, acendemos as velas e brincamos de dreidel. Quando Evan está longe de casa, ele acende velas por conta própria — ele gosta e mantém esse hábito.

Estou ciente de que não temos um rabino ou qualquer figura icônica legal como o Papai Noel, então, em termos de competição, estamos em desvantagem. O Chanucá é pitoresco se comparado ao Natal. Entre os pais e irmãos de Erin, o número de presentes que meus filhos recebem no Natal é suficiente para abrir uma loja. E isso faz parte da comemoração deles, algo que Erin acrescenta à infância e à experiência de nossos filhos. Mas nós não dividimos os presentes. São feriados e experiências diferentes, e partes de religiões diferentes. Então não é um tipo de competição, o que transformaria tudo em algo desagradável, desconfortável e estressante. A natureza da competição não é relaxante. Ter dois feriados de duas religiões diferentes competindo é contrário à maneira como a celebração deve ser. Mas, se quer saber a respeito dos presentes, o Natal vence! Sem sombra de dúvida. E estou bem quanto a isso.

Temos que descobrir o que realmente importa para cada um de nós e o que nos faz bem. Isso muda nossa vida completamente. As experiências são muito mais divertidas quando não nos sentimos ameaçados ou as transformamos em algo vazio de sentido.

Então, sim, você pode ter os dois.

Independentemente de parecer contraditório, meus filhos foram batizados. Gostaria que todos os meus filhos tivessem um bar mitzvá também. Imaginei meus filhos sendo batizados com água benta? Não, mas tenho que dizer que foram momentos incríveis, lindos e valiosos. O batismo é parte de quem eles são, parte de quem é a mulher com quem compartilho minha vida e parte de quem sou agora. Erin e eu decidimos que nenhum de nós deve educar nossos filhos descartando nossas bagagens — é importante que eles as vivenciem. Em última análise, eles tomarão as próprias decisões, e, sinceramente, fico feliz com o que quer que escolham, porque tenho certeza de que serão crianças e adultos amáveis e equilibrados, que contribuirão para a sociedade de diversas maneiras.

Estar no bar mitzvá de Evan foi muito bom, assim como é procurar os ovos de Páscoa ou ir à missa de Natal com nossa família. Como disse, é parte de quem somos. Somos tudo isso junto.

Todas as noites, antes de irmos dormir, fazemos orações. Certas noites, as crianças oram ao Pai, ao Filho e ao Espírito Santo, e em outras, não. Mas não importa a quem orem, elas reconhecem a Deus e sabem que ninguém pode dizer o que é certo ou errado. Tudo o que podemos é agradecer por nossa vida e celebrá-la.

Se uma religião ensina bondade, caridade, compreensão e tolerância, é porque é boa.

Para a religião sobreviver, ela deve mudar e se adaptar à época. Religiões devem ter vida própria e respirar conosco. Conhecer o certo e o errado, tratar as pessoas da maneira que gostaríamos de ser tratados, fazer o bem porque é a vontade de Deus são conceitos eternos. Conheço católicos que não aderem completamente às doutrinas de sua fé — alguns praticam o controle da natalidade, por exemplo —, e acredito que, para que uma religião funcione, ela precisa ser realista e aplicável ao cotidiano. Agora, alguns podem dizer o contrário — que a vida precisa estar em conformidade com a religião. Não concordo. Por exemplo, algumas seitas do judaísmo dizem que as crianças só são judias se a mãe é judia. Bem, acho uma grande besteira. Eu sou judeu e, se sou judeu, meu filho é judeu. Se todos concordam ou não, é irrelevante. Quando você se orgulha de quem é e não se esconde, dignifica a si mesmo.

A maneira como Erin e eu lidamos com a religião é apenas um dos elementos para o sucesso de nosso relacionamento: se algo incomoda um de nós, queremos que seja dito. Caso contrário, os problemas se tornam bolas de neve, e, em algum momento, nem nos lembramos de como a avalanche começou. A maneira de impedir que isso aconteça é resolvê-los antes que se acumulem. Se algo lhe desagrada, fale à pessoa como você se sente. Dessa forma, talvez você não precise do tratamento de canal, porque a cárie nunca será profunda. É como odontologia preventiva.

As pessoas vão à terapia porque a podridão da cárie se instalou. Em muitos casos, nos relacionamentos, talvez possamos evitar essa podridão escovando os dentes após cada refeição, passando fio dental — limpando as sujeirinhas antes que deem espaço à podridão.

É claro que às vezes nos deparamos com situações em que a outra pessoa não quer fazer isso. Então, devemos tomar uma decisão, pois não podemos mudar os outros. Não adianta perder tempo pensando: "Se ao menos *ele* fizesse isso" ou "Por que *ela* faz isso?" Em dados momentos, tudo se resume a: "Por que *permito* que isso aconteça? Por que *concordo* com isso? Por que estou *aqui*?"

É assim que todos devemos chegar a um consenso. Por que estamos onde estamos? É benéfico estar aqui? O que estamos tirando disso? Quando alguém não reconhece seus erros ou não é sincero, o resto depende de nós. A maneira como algo nos afeta tem mais a ver conosco do que com o próximo. A forma como o comportamento de alguém nos afeta é responsabilidade nossa. Nós é que decidimos como isso nos afeta e o que fazer a respeito. Ou encontramos uma forma de fazer o relacionamento funcionar ou partimos. Não devemos tentar mudar a outra pessoa. Só o que podemos fazer é mudar a forma como aceitamos e respondemos a seus comportamentos.

Ouça, não sou Gandhi, mas não cultivo animosidade em relação a pessoas que me enganaram, tentaram me influenciar negativamente ou foram desonestas comigo. Elas simplesmente foram embora. Elas não fazem mais parte da minha história. Isso faz parte da imperfeição da vida, mas somos nós que decidimos como lidar com ela.

Quando somos magoados, é comum sermos motivados pela vingança e magoar. Mas a questão é que, quando estamos felizes, não nos preocupamos em deixar ninguém infeliz. Não queremos replicar o mal que fizeram para nós. Em um dado momento, quando estamos felizes, percebemos que gerar sofrimento nunca gera felicidade, principalmente pela vingança. Nunca. A vingança é feia. Ela só nos leva a um lugar feio, fazendo coisas feias.

10

DEDIQUE-SE MAIS, NÃO CASTRE SEUS SONHOS

Quando me divorciei da minha primeira esposa, no início dos anos 2000, senti como se fosse o maior fracasso de todos. Nunca imaginei que me divorciaria — provavelmente porque meus pais não o fizeram, apesar de terem um casamento infeliz.

Como podemos definir o amor? Tendemos a defini-lo com base no que vemos em casa. E o tumulto que acompanhei durante meu crescimento se refletiu, de certa forma, no meu primeiro casamento. Parecia que era o normal. Embora eu achasse que estava indo na direção oposta à dos meus pais, acabei aderindo a uma dinâmica semelhante, influenciado pela incerteza, falta de apoio, tensão e tudo o mais que havia enfrentado quando criança. E, de alguma forma, achei que poderia fazer dar certo porque pensava que eu conseguia fazer tudo dar certo. Bem, eu não consegui. A única pessoa que podia controlar era eu, e o meu controle apenas significava que eu aguentaria o casamento. Minha primeira esposa e eu éramos as pessoas erradas no momento errado.

Mesmo assim, a ideia do divórcio era aterrorizante. Porém, quando um relacionamento não é bom, é melhor que termine.

É muito fácil culpar o outro, assim como é muito fácil e completamente absurdo reclamar por não ter sorte no amor. A primeira coisa que devemos fazer é aceitar a nossa responsabilidade. Quando há filhos envolvidos, é importante que ambas as partes concordem que eles não são efeitos colaterais, nem peões e nem serão usados como meio de barganha. Por alguma razão, muitos têm dificuldade em concordar com isso.

Quanto ao motivo pelo qual meu casamento fracassou, o fato de eu ter escolhido quem escolhi foi um sinal claro de que tinha muito o que aprender. A natureza dos nossos relacionamentos é uma excelente demonstração de como encaramos a vida. Quem escolhemos é reflexo do nosso estado de espírito. Portanto, em 16 maravilhosos anos com Erin, a única incerteza é quais surpresas maravilhosas ainda estão por vir.

Como eu disse, devemos perceber que a única pessoa que podemos mudar é a nós mesmos. Saber disso nos permite ser muito mais eficazes, porque usamos nossas verdadeiras capacidades, em vez das que imaginamos ter. Meus passos em falso encontraram chão firme quando conheci Erin, e então percebi que minha verdadeira força vem da capacidade de mudar a mim mesmo e não desperdiçar tempo tentando mudar os outros. O fato de que meus relacionamentos anteriores não funcionaram mostra que eu estava confuso e ainda acreditava que tinha o poder de fazer com que tudo fosse do jeito que eu queria. E como sentia que tinha esse poder — afinal, consegui realizar todos os meus sonhos profissionais —, eu ainda não havia aprendido que não tinha o poder de influenciar outras pessoas a fazer o que eu queria.

Na sequência do meu divórcio, proteger Evan rapidamente se tornou minha prioridade. Quando estava com ele, passava praticamente o tempo todo dando-lhe atenção, só nós dois — para protegê-lo, acalmá-lo e garantir que ele soubesse que eu estava lá 100%. Levar outra mulher para nosso círculo, para nosso lar, teria sido um assalto à sua segurança, teria gerado confusão, e representava mais uma potencial ameaça. Decidi que ele não seria vítima disso.

É claro que os meios de comunicação precisam estar disponíveis entre os casais separados. Devemos ser capazes de expressar nossa preocupação com os métodos ou ações do outro que possamos achar controversos ou prejudiciais — embora os filhos não devam ser confrontados

FOTO ACIMA, ESQUERDA:
MEU PAI MAIS JOVEM E UM PRODÍGIO GORDINHO.

FOTO ACIMA, DIREITA:
MEUS PAIS NO DIA DE SEU CASAMENTO, EM 24 DE SETEMBRO DE 1948.

FOTO À ESQUERDA:
12 ANOS. QUERIA VIAJAR NO TEMPO E ME DAR UM ABRAÇO.

FOTO À DIREITA:
UM TAXISTA DE 19 ANOS PRONTO PARA AS RUAS DE NOVA YORK. COSTELETAS OPCIONAIS.

FOTO ABAIXO:
UMA PÁGINA DO MEU PRIMEIRO LIVRO DE COMPOSIÇÕES, QUE ACHEI HÁ POUCO TEMPO. AS LETRAS DE TODAS AS MINHAS PRIMEIRAS MÚSICAS PARA O KISS ESTÃO AÍ.

LOVE HER ALL I CAN

I remember the times I was lonely without her
Now she's mine and I spend my time dreaming about her
Love her all I can and try and understand
The things that make her glad the things that make her sad
I'm a lucky guy I hardly even try
and when the world looks bad she's never never sad
She's so easy to please and it doesn't take money
We can have a good time when the skies aren't sunny
Repeat chorus, 1st verse, and chorus

CHORUS

BLACK DIAMOND

Out on the streets for a living
The pictures only begun
Living in sorrow and madness
They got you under their thumb
Ooh Black Diamond, ooh Black Diamond
Darkness will fall on the city
It seems to fall on you too
And tho' you don't ask for pity
There's nothing that you can do
Ooh Black Diamond, ooh Black Diamond

FOTO ABAIXO:
STUDIO 54. OBSERVANDO TUDO O QUE ACONTECIA COM ANDY WARHOL, ANNIE LENNOX E FRANK ZAPPA. UMA IDADE DE OURO DOS EXCESSOS.

FOTO À DIREITA:
1975. TODO CARÃO E CABELÃO.

FOTO DE BARRY LEVINE

FOTO ACIMA:

TREINANDO HOJE. VOCÊ NÃO GANHARÁ NADA SE NÃO COMEÇAR.

FOTO DE BRIAN LOWE

FOTO À ESQUERDA:

EM CASA. MEU CHAPÉU, MINHA GUITARRA E MEUS TÊNIS PAUL STANLEY, EM PARCERIA COM A PUMA. CAUSANDO!

FOTO À ESQUERDA:
DE VOLTA AO 531 WEST, DA 211TH STREET. UM GAROTO PARTIU, E UM HOMEM RETORNOU.

FOTO ABAIXO:
UM MOMENTO MÁGICO COM SARAH, EMILY E COLIN.

FOTO ACIMA:
OUTRA NOITE INCRÍVEL ACABARA DE CHEGAR AO FIM.

FOTO DE KEITH LEROUX

FOTO À DIREITA:
JIMMY, ÍCONE, INSPIRAÇÃO CONSTANTE E UM CARA ADORÁVEL.

FOTO DE ROSS HALFIN

FOTO ACIMA:
GUERREIROS DA ESTRADA PRONTOS PARA DOMINÁ-LA.
FOTO DE BRIAN LOWE

FOTO ABAIXO:
SOUL STATION. SEAN, GAVYN, CRYSTAL, LAURHAN E RAFAEL.
PARTE DA TRIBO, DANDO O RECADO, APAIXONADA PELA VIDA.

SEGUI EM FRENTE SEM SABER AO CERTO MEU DESTINO.
MAS, QUANDO CHEGUEI, SABIA QUE ESTAVA EM CASA.

FOTO DE BRIAN LOWE

com nenhum tipo de desentendimento. Estar certo ou errado deve ser secundário quando a questão é o que é melhor para os filhos, e algo que com certeza é melhor para qualquer filho é que os pais não falem mal um do outro. Isso deveria ser proibido — pelo bem dos filhos.

Acho horroroso que as pessoas magoem seus filhos dizendo coisas ruins sobre o pai ou a mãe ou lhes recusando apoio. É claro, tive desentendimentos com minha ex após o divórcio, assim como nós tivemos desentendimentos enquanto estávamos juntos, mas estávamos determinados a tornar esse processo o mais seguro e confortável possível para Evan, e reconhecemos o quão difícil e angustiante era para nós e para ele. Garantimos que essa fase passaria e que ninguém seria culpado.

Acho o fim da picada quando vejo alguém criticando o ex-cônjuge na frente dos filhos. Além da insensibilidade, quem faz isso difama a imagem do outro perante o filho. É assustador, confunde e obriga o filho a ter que tomar a horrível decisão entre um ou outro. Durante o divórcio, a última coisa que deve acontecer é uma criança inocente ser colocada na linha de fogo ou usada como ferramenta ou peão. Na pior das hipóteses — e, felizmente, meu caso foi diferente —, tudo se resume a isto: você odeia mais seu ex-cônjuge do que ama seu filho? É simples assim. Pare com a retórica, com as manipulações, e decida que sentimento deve prevalecer: o amor por seu filho e o desejo de protegê-lo ou seus sentimentos negativos em relação ao ex-cônjuge.

Se pais separados não conseguem deixar de lado a rispidez e a hostilidade nem por causa do filho, recomendo fortemente que se consultem com um terapeuta. Não por ordem judicial ou porque precisam, mas por dever respeitar as preocupações do ex-parceiro, e talvez a contratação de um intermediário qualificado lhes ajude a optar por um comportamento que seja melhor para seus filhos, ainda que os pais não concordem.

Envolver terapeutas ou buscar aconselhamento não é uma atitude que demonstra desespero ou fraqueza. Pode ser produtivo e construtivo. Você deixa de lado o fato de que o relacionamento não está dando certo e se preocupa apenas com a melhor maneira de seu filho lidar com esse processo. Você quer proteger seu filho, e, se sua maior preocupação for realmente ele, procurar aconselhamento pode ser de grande ajuda. Não deve ser uma ferramenta usada para punir um ex. De novo, você ama seu filho mais do que odeia seu ex-cônjuge? É importante sempre fazer a coisa certa — se não por outro motivo, para demonstrar empatia por seus filhos. Você não precisa lhes dizer nada em relação à imagem do ex--cônjuge, porque, quando seus filhos crescerem, descobrirão por conta própria. Fazer fofocas ou falar mal do ex-cônjuge é contraproducente, porque a criança ama ambos os pais.

Não acho que posso julgar pais que se afastam de seus filhos ou fazem fofoca a respeito do outro por causa de um divórcio ou separação, mas não é isso que considero ser pai. Quando meus filhos sofrem, quero protegê-los. Quando meus filhos têm medo, quero acalmá-los. Quando meus filhos estão tristes, quero animá-los ou ouvi-los. Quero ajudar meus filhos. Geralmente, isto é tudo de que precisam: ser ouvidos. Um filho não pode ser considerado efeito colateral da separação.

Derrubar o alicerce de nossos filhos, dizendo que mamãe e papai não ficarão mais juntos, é inconcebível para eles. Desde o dia em que nasceram, mamãe e papai não eram apenas seu alicerce, mas seu mundo. No entanto, isso acabará. Percebi o quão aterrorizante e incompreensível esse processo foi para Evan. Meu papel tinha que ser protegê-lo, estar presente e ajudá-lo a passar por isso.

Há uma lição a ser aprendida: às vezes, os desafios são terríveis, mas sempre podemos superá-los. Pode não ser fácil e pode machucar profundamente. Porém sempre podemos superá-los.

Evan é um verdadeiro exemplo de como lidar com o divórcio. Ele conseguiu lidar com a separação dos pais de maneira excelente. Evan nem imagina sua mãe e seu pai juntos e, à própria maneira, percebeu a dinâmica que havia entre nós e por que nos separamos. Quando ele se formou ou teve outras realizações, comemoramos como uma família e, quando apropriado, com Erin, seu irmão e suas irmãs. E, não se engane, Erin — que nunca representou uma ameaça para o relacionamento entre mim e Evan — influenciou muito seu ponto de vista sobre a dinâmica de um relacionamento saudável e como todos podemos passar pelos piores transtornos para um momento melhor do que o anterior.

Esse foi outro caso de experiências definindo quem somos. É muito claro para mim o que faltou na minha infância, e eu estava determinado — apesar do divórcio ou de qualquer outra coisa — a garantir que meus filhos tivessem o que não tive. Devemos nos conscientizar de nossa responsabilidade e fazer o que for preciso para cumpri-la.

11
ABRACE SEUS OBJETIVOS E VÁ À LUTA

De algum jeito, somos todos viciados. A diferença é o entorpecente que escolhemos. Sexo, drogas e rock and roll? Essas opções ainda estão disponíveis. Nunca achei que as drogas tivessem seu lugar, mas os outros dois andam de mãos dadas. À medida que a vida se desenvolve, mudanças e escolhas precisam ser feitas. O rock and roll continua. Mas, para mim, o casamento e a monogamia também andam de mãos dadas. Então, tomei uma decisão, e isso significa estar com Erin, e apenas com Erin.

Para viver em função de nossas escolhas, em vez de fugir delas, devemos estar seguros do porquê as fizemos.

Minhas decisões têm que ser racionais, bem pensadas e fundamentadas nas consequências. Ao me comprometer a ser fiel a Erin, considerei não apenas como isso afetaria minha vida caso traísse esse compromisso com ela, mas também o fardo de ter que carregar o peso dessa desonestidade, mesmo que ela nunca descobrisse.

Certa vez, alguém me perguntou sobre monogamia, e respondi que é algo que as pessoas precisam decidir por si mesmas. Mas parte dessa escolha tem a ver com o que acabei de dizer sobre viver sabendo que fui desonesto. Alguém mais estaria a par do segredo além de mim. E se alguém está a par de alguma coisa, sem dúvida, outras pessoas também estão, porque não há segredos. Se eu não quero que as pessoas saibam que fiz alguma coisa, simplesmente não faço, porque mentira tem perna curta. E, mesmo que não tivesse, seria um tormento conviver com isso. Não há espaço para desonestidade no meu relacionamento. As mulheres ainda são atraentes, tanto quanto sempre foram, provavelmente há tantas disponíveis quanto sempre houve, mas isso não desperta meu interesse.

Se acontecer de conhecermos uma pessoa atraente e sedutora, é importante considerar: *Espera aí. Tenho X anos de relacionamento com meu cônjuge e dependo dele para dar continuidade ao que construímos juntos.* Por que apostar no duvidoso e colocar tudo a perder se já tirei a sorte grande?

Hoje em dia, percebo que o que tenho é uma dádiva. Não vou arriscar essa dádiva em função de um prazer momentâneo. Eu peso o que tenho e o que tive, e por mais que tenha me divertido em outros períodos, nenhum deles foi tão intenso e valeu tanto a pena quanto o atual. Certa vez, alguém me disse: "Estou casado, não morto." Concordo. Mas, para fazer com que o relacionamento funcione, precisamos tomar decisões conscientes e conhecer o valor daquilo que temos. Não saber por que fazemos algo dificulta muito na hora de mensurar seu valor. Atração e desejo sempre existirão, mas, se eu cedesse, perderia mais do que ganharia. Sem dúvidas, é importante se sentir atraente, mas saber que você é atraente para a pessoa que realmente ama e admira faz com que se sinta a pessoa mais atraente do mundo. Durante muitos anos, a atração me conduzia ao sexo. Esse era o meu ritmo — trocadilhos à parte. Era o fluxo natural do cotidiano. Mas isso mudou. Um não leva mais ao outro.

É maravilhoso poder mostrar fotos da minha família para as pessoas e me orgulhar da família que tenho.

Então, para mim, esse não é bem o tipo de coisa que me desafia, porque sou muito pragmático. E, pesando as vantagens e desvantagens, não há o que questionar. Isso não me isenta de me sentir atraído por alguém, mas faz com que a ideia de corresponder a essa atração seja impensável. Certas mulheres provavelmente pensam que sou idiota ou gay. Na verdade, não sou nenhum dos dois, mas, com certeza, sou feliz.

Reconheço que me faz bem saber que sou atraente, mas isso não me faz querer corresponder a essa atração. E isso está claro para mim. Caso contrário, seria muito difícil dizer não — na verdade, não haveria motivo para não corresponder. Precisamos estar convictos a respeito do que fazemos e por que fazemos. Se nossas atitudes não forem pensadas e não estivermos bem resolvidos, talvez seja interessante refletir sobre algumas coisas.

Cada escolha na vida é muito mais fácil quando conhecemos seu motivo, porém muitos não sabem disso. As decisões se tornam mais fáceis quando entendemos os prós e contras e as consequências de tomá-las. Então, para ser sincero, não acho difícil dizer não, apesar de, às vezes, ter algumas oportunidades realmente interessantes. Mas eu não ficaria feliz comigo mesmo se aceitasse.

Quaisquer que sejam as situações ou proporções, precisamos conhecer o raciocínio por trás de nossas decisões. Não quero me arrepender do que não fiz, e ainda há muitas coisas que quero fazer. A questão é que sei o *porquê* não as fiz. E, por isso, não me sinto arrependido.

Quando qualquer um dos meus relacionamentos esteve em apuros, sempre fiz questão de saber a origem dos problemas. E, se viesse a acabar, sempre considerei importante saber como eu havia contribuído para tal. Em relacionamentos anteriores, havia momentos em que me ocorria um possível envolvimento com outra pessoa, então eu pensava: *Não, preciso terminar isso primeiro.* Porque eu queria estar bem resolvido quanto ao que levou ao fim do relacionamento, e não queria que fosse por eu ter sido desonesto ou cometido uma traição.

Sempre conto a Erin quando encontramos alguma mulher do meu passado — seja qual tenha sido o tipo de envolvimento. É importante que ninguém tenha um segredo comigo que ela não saiba. Ela com certeza conhece o meu passado. Acredito piamente que, quanto menos segredos tivermos, mais liberdade teremos. Sempre lidei com as pessoas dessa maneira, mas, principalmente com Erin, a ideia de não reconhecer que já estive com alguém que está presente no mesmo ambiente, ou que já tive um caso com alguém que está conversando com ela, é muito mais desconfortável para mim do que contar a ela. Da mesma forma, Erin é linda, extrovertida e extremamente inteligente, então acreditar que sua vida começou no dia em que nos conhecemos faria de mim um idiota.

Nunca pensei que um dia eu agiria dessa forma, mas hoje a entendo como a única forma possível. Nunca imaginei que as coisas seriam assim, porque precisei percorrer uma trajetória para chegar até aqui, e cada passo ajudou a viabilizar isso. Eu não teria compreendido a calma e a satisfação que tenho hoje, porque eu não era assim. Nós aprendemos ao longo da vida. Temos que saber o que não queremos e compreender nossos erros antes de saber o que queremos. Sou abençoado por ter percebido quais foram os meus erros.

O erro que cometi em muitos relacionamentos foi buscar aprovação mais do que qualquer outra coisa. Procurava alguém que me desse forças e me motivasse. E isso não é motivo para se ter um relacionamento — principalmente quando nem eu atribuía a mim mesmo a aprovação que procurava.

Imagino que eu nem sequer tenha percebido que permitir que a outra pessoa tome decisões faz parte de um relacionamento. No caso do meu primeiro casamento, foi assim em parte porque coincidiu exatamente com o período em que fui forçado a fazer o oposto na banda — precisei consolidar meu controle sobre a banda para garantir sua sobrevivência.

Porém o sucesso de um relacionamento ainda depende de com quem o temos. Não podemos nos casar com alguém que, na melhor das hipóteses, considera abrir mão de sua independência — todo o propósito do casamento gira em torno da parceria. Quando escolhemos uma pessoa que não quer fazer isso e se afasta, a reação natural é tentar puxá-la para mais perto. Isso faz com que ela se afaste ainda mais, o que faz você tentar puxá-la outra vez. Legal? Não. Inútil? Bastante.

Um relacionamento deve despertar o melhor de ambos, e não o pior. Com frequência, temos um cronograma do relacionamento. E, se as coisas não estão da maneira que esperávamos, fazemos ajustes e encontramos um caminho, porque temos nosso cronograma e nosso roteiro. Muitos pensam: "Ah, vai dar certo quando nos casarmos" ou "Vai dar certo quando tivermos um filho". Bem, desculpe a sinceridade, mas não vai.

Uma boa parceria, ou relacionamento, é construída apenas com o tempo. E isso se deve ao fato de que a relação depende de como cada parceiro responde a situações diferentes, incluindo situações difíceis, e como respondem às necessidades de cada um. Obviamente, o compromisso tem que ser recíproco, mas nosso parceiro deve ser alguém em quem confiemos — e o quanto podemos depender dele em contextos diversos é determinado apenas pela convivência. É fácil ser uma boa pessoa quando as coisas estão indo bem, mas seu verdadeiro caráter é revelado quando não estão.

Tive um péssimo prognóstico anos atrás e, como me pareceu assustador, liguei para duas mulheres que conhecia — uma delas foi Erin, que havia conhecido há pouco tempo. A primeira mulher disse: "Ah, isso é terrível." Erin me perguntou: "Onde você está?" É isto que você está procurando: a pessoa que abre mão de tudo para estar ao seu lado.

Erin e eu namoramos por mais de quatro anos antes de nos casarmos — e não foi por falta de vontade. Mas acho que nós dois tivemos que chegar a um ponto em que não poderíamos imaginar não estar juntos. Isso é diferente daquela primeira fagulha — que é maravilhosa e pode ser o começo de algo, mas que de forma alguma significa mais do que uma atração instantânea, além de uma fabulosa reação psicológica e bioquímica. Tive anos para perceber como Erin lidava não só comigo, mas com seus amigos, seus problemas emocionais, suas crises de saúde e seus problemas familiares. Esse é o segredo de um relacionamento: ver como a pessoa com quem desejamos nos unir lida com as coisas. Como era de se esperar, Erin nunca me desapontou e sempre esteve presente para mim sem qualquer medo de ficar vulnerável.

A autoconfiança nos permite agir sem abrir mão de nossa autoestima ou respeito próprio. Vi os dois lados dessa moeda por experiência própria — precisei me libertar do meu passado e adquirir a autoconfiança oriunda desse processo antes de poder estar presente para outros.

Também adoro o fato de que minha esposa me surpreende com sua inteligência. Sou muito grato quando Erin faz ou diz algo que me faz refletir. *Uau, eu nunca teria pensado nisso.* É maravilhoso. Na verdade, desconfio de pessoas que procuram companheiros "menores", pessoas que querem se sentir superiores por estar com alguém que consideram menos inteligentes ou parceiros. Isso vem do desconforto consigo mesmo. Quero estar cercado de pessoas que estão no mesmo barco que eu.

Sempre devemos analisar o histórico de uma pessoa antes de nos envolvermos com ela, pois ele diz muito sobre seu possível comportamento futuro. Se o seu contador foi preso por fraude, há uma boa chance de ele extorquir você também. A única possibilidade que justifica optar por alguém que foi preso por fraude — situação que enfrentei — é se iludir que a pessoa agirá de forma diferente em relação a você. Porém, não importa com que pessoa você lide, nunca será você e ela contra o mundo, mas ela contra o mundo. Você nunca será excluído do tratamento que ela destina às outras pessoas. Às vezes, você pode achar que está se juntando a uma equipe, quando simplesmente não é o caso. Se alguém é cruel ou antiético com os outros, as mesmas regras se aplicam a você também.

À certa altura — por uma lição não muito bacana —, aprendi a não me surpreender se fosse sacaneado por alguém que vi sacaneando outra pessoa. Durante a juventude, eu me envolvi diversas vezes com mulheres que estavam traindo o namorado ou o marido. Vez ou outra considerei isso como o preço do prazer. Bem, vez ou outra esse preço foi ser atingido pelos estilhaços dos problemas alheios. Então percebi que ficar chocado com esse comportamento fazia de mim um otário. Se eu me envolvesse com certas pedreiras — com o perdão da metáfora —, não deveria ficar surpreso se fosse atingido por tijolos.

É bom ficar de olhos e ouvidos abertos em um relacionamento. O amor às vezes é cego. Mas ao menos não deveria ser surdo.

Quando entramos em um relacionamento — romântico ou de outro tipo — com alguém que mostra um comportamento negativo, podemos nos precipitar e achar que não seremos vítimas disso. Porém, cedo ou tarde, a maneira como vemos essa pessoa tratar os outros é a mesma como ela nos tratará. Se optarmos por ignorar isso hoje, não devemos nos surpreender amanhã. Nós não somos especiais, somos os próximos. É simplesmente assim que essa pessoa age.

Às vezes, as pessoas afirmam querer amor incondicional. Bem, a pessoa que deseja amor incondicional é, em última análise, a mesma que vai levar o mínimo para o relacionamento. Não importa quem seja o parceiro. Trata-se do que essa pessoa quer. O amor incondicional de que falam significa que esperam que o parceiro tolere tudo que fizerem, muitas vezes sem se importar com o outro. Isso é uma via de mão única — não é amor. Até onde sei, amor é, por natureza, uma via de mão dupla.

Conheci uma mulher que se separara do marido havia pouco e ficou fissurada por entender por que o ex-marido disse isso e fez aquilo. Eu apenas disse: "A verdadeira questão é: por que você se preocupa? Você não pode mudá-lo. A única pessoa que pode mudar é a si mesma."

O foco é: em vez de questionar o comportamento do parceiro, que tal questionar o *seu* comportamento? Por que você está onde está? Por que escolheu essa pessoa? E por que aceitou determinados comportamentos?

Não deve parecer desmoralizante descobrir que seu relacionamento não é como você imaginava que seria. É uma chance de mudar — para melhor.

PARTE TRÊS

IDENTIDADE, SAÚDE E FELICIDADE

12
REPENSE A LISTA DE PROMESSAS

Para mim, a vida sempre foi uma esteira. Quando somos jovens, todos parecem estar à nossa frente. À medida que envelhecemos, começamos a perceber que o período anterior foi mais longo do que o próximo. Essa é a realidade da vida. Mas isso não é ruim, porque todos chegamos ao fim, o que torna nosso tempo aqui muito mais valioso.

Durante grande parte da minha vida, desejei ficar mais em paz e confortável comigo mesmo e me tornar um melhor artista, cantor e compositor. Quando era mais jovem, sonhar em ser um bom pai não fazia parte dos meus planos. Só percebemos desafios como esse quando interagimos com a realidade. Há momentos em que devemos aceitar o que não conseguimos fazer, e isso é importante. Traz paz à alma ser pragmático o suficiente para encarar a vida e dizer: "Bem, eu adoraria fazer isso ou tentar aquilo, mas existem outras prioridades para mim neste momento."

Tendemos a nos preocupar muito com o futuro quando não estamos preparados para as respostas. Não há apenas um objetivo ou destino, porque, alcançando-o ou não, é a jornada que nos enche de novas possibilidades. Só podemos nos definir hoje, e parte da alegria de viver é saber que seremos diferentes amanhã. Essa é a emoção do autoconhecimento.

A vida é longa, e, no fim das contas, qualquer feito que realizamos é apenas uma oportunidade para realizar ainda mais — algo além e melhor. O que não significa que determinada conquista não é importante. Significa apenas que é momentânea. É o que fizemos hoje. Mas o que faremos *amanhã*? Se estamos realmente motivados, nos valorizamos e vemos o potencial de nossa vida, essa sede nunca é saciada. Essa fome não acaba. Porque não é apenas uma necessidade: é o que torna a vida preciosa.

A esta altura, cada incrível escape criativo que tenho me faz bem. Gostaria de dizer que eles fazem com que eu me sinta mais jovem, mas não seria preciso, porque eu não os tinha naquela época. Tive que envelhecer para enxergá-los e ter acesso a eles. Pintar, atuar, escrever, cantar em meu projeto musical paralelo, o Soul Station. Encontro felicidade também em situações cotidianas, como simplesmente ser pai ou preparar um delicioso jantar em família.

Um dos meus segredos: repensei minha lista de promessas.

É importante considerar um erro fundamental sobre a lista de promessas: ela deve estar sempre se expandindo, com base em nossas experiências, em vez de diminuir. Se excluirmos itens de nossa lista aos poucos, sem acrescentar nada, estamos no caminho errado. Posso garantir que minha lista de promessas tem apenas um item: nunca terminá-la.

Concluir um objetivo de nossa lista de promessas deve abrir nossos olhos para outros objetivos que precisamos concluir. Não acho que devamos riscar toda a nossa lista, independentemente do quão estivermos contentes com o que alcançamos. Conquistei tudo o que me propus a fazer — alcancei fama e fortuna como a estrela do rock que sempre sonhei ser. Mas, no meu caso, isso estava longe do fim da história — ainda bem!

Percebi que fico tão feliz ao descobrir novos itens para minha lista quanto ao concluir um. Na verdade, essa é a verdadeira emoção da vida. O entusiasmo está na descoberta. E podemos ter o mesmo senso de admiração e alegria pelas descobertas como adultos quanto tivemos quando crianças. Na verdade, fico mais empolgado agora, na casa dos 60 anos, do que quando era mais jovem e pensava de maneira categórica. Se você sente falta disso, não está vivendo de verdade. Se os seus dias são todos iguais, você precisa abrir as cortinas.

No início, eu pensava que a vida tinha um alcance limitado. É fácil imaginá-la como uma tela de TV e acreditar que possui uma dimensão restrita. Então, a experiência nos mostra que, na verdade, ela é do tamanho de uma tela de cinema e, com um pouco de sorte, assume o tamanho de uma tela IMAX. A vida deve ser uma série de painéis que se abrem para engrandecer nosso mundo, pois o que acrescentamos à nossa vida e como a percebemos e a experimentamos define quem somos. E, devo enfatizar, quem somos para *nós mesmos*.

Hoje em dia, estou muito mais consciente de quem sou. Hoje, estou tão consciente de quem sou quanto não fazia ideia de quem era na juventude. À medida que a tela da vida se expande, precisamos recuar para enxergar toda a complexidade de quem somos.

Claro, vale a pena se concentrar em objetivos específicos. Para usar outra metáfora, pense em objetivos como azulejos. Queremos cobrir a parede, claro, mas não de maneira aleatória. Queremos distribuí-los e usá-los para criar um mosaico que represente a riqueza da nossa vida. Precisamos nos certificar de que essas peças se alinhem com algo maior — a imagem completa da nossa vida. À medida que montamos esse mosaico, é necessário recuar cada vez mais para visualizar toda a imagem, para enxergar o quão grandiosa é sua complexidade. Nesse momento, devemos enxergar também o que mais pode ser acrescentado: o processo de autodescoberta é contínuo e deve nos levar sempre a nos conhecermos melhor.

Nada me traz mais contentamento do que conhecer a mim mesmo e saber que sou mais do que imaginei que seria.

Vou lhe contar outra coisa: assim como na maioria dos processos artísticos — e, com certeza, no rock and roll também —, até mesmo as imperfeições são inerentes. Não há nada como os erros. Manter o foco é benéfico à nossa busca de realização, mas devemos sempre nos conscientizar de que uma realização não é o fim, mas parte da tela da vida, que é muito maior.

Esse tipo de abordagem não só nos proporciona uma visão mais ampla de nós mesmos e do mundo e nos torna mais interessantes, digamos, em uma festa, como contribui também para as idas e vindas entre as várias atividades em que nos envolvemos: conquistamos o sucesso em tudo o que fazemos quando aproveitamos tudo o que fazemos, para não falar do quanto ficamos mais envolvidos com nós mesmos. Passamos a gostar mais de *nós mesmos*. Vivemos melhor quando gostamos de quem somos, e gostar de quem somos é fruto de gostar do que fazemos e — principalmente — de como fazemos.

13
ESCOLHA SUAS BATALHAS PARA VENCER MAIS VEZES

A maioria de nós enfrenta situações em relacionamentos ou na carreira que podem nos imobilizar. Devemos lutar com unhas e dentes. Não há nada de errado em darmos um tempo a nós mesmos, mas, assim que terminarmos, precisamos nos levantar. Porque, como todos já vimos, quando paramos de correr atrás, nosso corpo se torna menos cooperativo. Então saia da cama, vista-se e, se possível, mexa-se. Pode parecer que estamos carregando o mundo em nossos ombros, mas, no final das contas, a única maneira de aliviar essa carga é seguir em frente. Caso contrário, ela nos esmagará.

Alguns dos piores momentos da minha carreira ocorreram durante a turnê do *Creatures of the Night*, quando chegamos a tocar em lugares quase vazios. Foi um período horrível. Hoje, é surpreendente pensar que eu conseguia dormir no camarim — eu estava tão deprimido que simplesmente não conseguia ficar acordado.

Parecia que havia apenas um destino: o fim da banda, e nada mais.

Mas se eu adotasse uma postura esperançosa, poderia pensar em todos os outros resultados — e no que poderíamos fazer, em vez de aceitar o fim. Claro, eu estava infeliz. Mas não significava que a banda acabaria. Significava que eu precisava lutar para reerguê-la. Mesmo que não soubesse o que fazer, percebi que podia e que faria alguma coisa. Precisei lutar para abandonar esse sentimento e toda a situação decorrente.

Simplesmente disse a mim mesmo: *Este não é o fim. Não pode terminar assim.*

Eu estava determinado a não deixar que o navio afundasse. Um motivo para continuar era evitar que as pessoas que não gostavam de nós tivessem a satisfação de assistir à nossa derrota. Outra foi minha recusa em deixar que qualquer pessoa, exceto eu, determinasse o resultado da situação. É engraçado como, em situações parecidas, algumas bandas sobem ao palco e fazem um show meia-boca. O que não faz sentido para mim, porque você está descontando nas pessoas que compareceram. Não fique zangado com elas. Dê a elas algo de que possam se lembrar e contar às outras pessoas.

Se a banda quisesse continuar, obviamente a solução não seria ter um público menor. Precisávamos atrair mais pessoas. Logo, descontar em quem estava presente era loucura. O que precisávamos fazer era impressioná-las.

Passei muito tempo me perguntando o que mais poderíamos fazer para evitar o fim da banda.

Tirar a maquiagem era uma das opções. *Creatures* foi um excelente álbum e uma grande declaração da nossa determinação em voltar ainda mais fortes, mas caiu em ouvidos tapados, porque as pessoas estavam cansadas de nos ver da maneira que sempre aparecemos. Talvez não desejassem outras personalidades ou rostos maquiados. E ficou claro para mim que as pessoas estavam ouvindo com os olhos. Eu queria tirar a maquiagem para o *Creatures*, mas não o fizemos. Então, para o *Lick It Up*, era certo que tiraríamos.

Afinal, dizem que loucura é fazer a mesma coisa e esperar um resultado diferente. Bem, se tivéssemos lançado outro grande álbum e permanecêssemos maquiados, teríamos sido idiotas. Como poderíamos prosseguir? Fazendo outro grande álbum e mudando nossa aparência. Você sabe, mantendo a parte que as pessoas gostam e se livrando da que não estava funcionando.

Quando *Lick It Up* foi lançado, o sucesso foi instantâneo e, de repente, nos vimos sendo aclamados, até mesmo por alguns dos críticos, o que achei muito peculiar — considero *Lick It Up* um bom álbum, mas *Creatures of the Night*, um álbum excelente. Outros aparentemente o viram de forma diferente — e eu diria que a reação não é coincidência com o fato de que em uma das capas estávamos maquiados e na outra, não.

Havia também uma motivação subjacente para eu querer que a banda tirasse a maquiagem. Não há como negar que, com maquiagem, Gene é a imagem do KISS. Mas eu sempre fui essencialmente a voz do KISS. Bem, outra maneira de receber o que me era devido, ou obter mais do que eu achava que merecia, era tirar a maquiagem. Eu era basicamente a mesma pessoa com e sem maquiagem, enquanto Gene contava com ela. De certo modo, mudamos a cara da banda. E, ao fazê-lo, fui reconhecido não apenas pelo talento criativo e musical, mas também na rua. Eu ansiava por isso e gostei quando aconteceu. Queria o reconhecimento e sentia falta dele.

Sempre me pareceu estranho que, quando eu lia alguma coisa na mídia sobre o KISS, Gene fosse descrito como o "líder da banda". Ele sempre era mencionado. Foi então que pensei: *O que você quer dizer com líder? O cara que mais fala fora dos shows? E o cara que fala com o público durante eles?* Agora eu era o líder e o vocalista. Inegavelmente, o rosto da banda.

Isso serviu ao propósito da banda, e ao meu também.

Seja por "Lick It Up", "Heaven's on Fire" ou qualquer uma das músicas da época, a banda tinha uma nova dinâmica — e um novo foco. E, se você olhar a capa da coletânea *Smashes, Thrashes & Hits*, perceberá que há alguém no centro, destacado dos outros. Era apropriado. E, sim, eu gostei. Além disso, havia um sentimento que remontava aos primórdios: a meu ver, não precisávamos nos esforçar tanto, mas cada um ainda deveria dar 100%. E, quando isso não acontecia, o faturamento e a atenção não eram distribuídos de maneira igualitária. Se você quer aparecer, deve cumprir sua parte no trato.

Mesmo durante os períodos mais frustrantes, nunca pensei no fim do KISS como uma opção. Muito esforço, sacrifício e comprometimento haviam sido aplicados. Trabalhei muito duro para colocar o KISS no patamar em que estava para abrir mão disso. Minha opinião era a de que qualquer um ou mesmo todos poderiam sair. Eu ficaria. Nunca pensei em um hiato. Quando uma banda entra em um, há sempre o risco de nunca mais conseguir voltar. Prefiro seguir em frente, ainda que o ritmo seja mais lento ou eu tome algumas decisões equivocadas. Nós arriscaríamos perder o embalo se parássemos.

Vi também muitos que haviam deixado bandas ou as dissolvido pensando que poderiam continuar sozinhos. Essa é uma realidade muito dura. Tirar a maquiagem e seguir carreira solo naquela época assim, de repente? Eu poderia ter feito isso, acho, mas não sei qual teria sido o resultado. O KISS é um caso raro, então não sei se as regras que se aplicam às outras bandas também se aplicam a nós.

E ainda tinha o nome KISS — no que diz respeito ao reconhecimento da marca. Empresas investem décadas e milhões de dólares para construir esse tipo de respeito e identidade. Outras empresas compram marcas já estabelecidas. Nós consolidamos o KISS como banda, mas ele adquiriu muito reconhecimento como marca, e desistir seria estúpido. Mesmo que eu não conseguisse superar o sucesso que já tínhamos, era uma grande vantagem ter esse nome.

Porém, antes de tudo, eu gostava de ter o suporte de uma banda. Eu gostava da segurança. Gostava de ter outras pessoas para me apoiar, em vez de caminhar sozinho. É por isso que me reuni com Gene de início, porque senti que não poderia fazer o que desejava sozinho. Sempre ansiei por uma banda. Eu queria membros de equipe. E isso perdurou pelos anos seguintes, como quando comecei.

Na maioria das vezes, a melhor maneira de alcançar metas é montar uma boa equipe, mas nem sempre temos essa oportunidade. Durante a década de 1980, minha equipe era um elenco de personagens que mudava com frequência, e Gene estava ausente na maioria das vezes. Mas havia uma constante: eu. Eu estava tranquilo, porque isso significava que eu guiava o navio. Ter fé no capitão transmite certa segurança, e eu tinha e sempre tive fé em mim mesmo. À medida que as pessoas foram e vieram durante esses anos, e que o comprometimento de outros membros aumentava e diminuía, resumi a questão a: *Como maximizar o que tenho e aproveitar ao máximo as pessoas que estão presentes?*

Certas coisas eu podia controlar. Outras, não. Claro, durante o período sem maquiagem, esse equilíbrio oscilou. Eu não podia mandar os guitarristas fazerem o que eu gostaria que fizessem, então eles eram convidados a sair ou desistiam. Não consegui impedir Gene de querer construir uma carreira cinematográfica, então aproveitei a lacuna que isso deixava na banda. Por fim, aprendi a não depender de ninguém. E isso não mudou desde então, apesar dos períodos seguintes de estabilidade dentro da banda. É mais seguro e eficaz. É arriscado capacitar outra pessoa. Nós precisamos confiar em alguém, e essa confiança deve vir por meio da experiência. Não de um tipo de sexto sentido. Eu não dou essa confiança a ninguém, exceto ao longo do tempo, depois de ver como esse alguém lida com os problemas e as crises e de constatar a coerência de suas atitudes.

Quanto a lidar com a banda nos anos 1980, basicamente assumi a liderança exclusiva, aproveitei ao máximo o que podia e não me lamentei sobre o que não tinha. Eu queria fazer o que era capaz, em vez de ficar pensando em coisas que não estavam sob meu controle.

Quando me lembro daqueles anos, percebo que foi um momento crucial para a banda, e que houve muitos — e todos se resumem à solução de problemas. Tudo se resume a preservar a liberdade de perseguir nossos sonhos, sob qualquer forma que esses sonhos tenham assumido em determinado momento da trajetória de nossa vida.

A banda sempre será meu bebê e, para muitos — assim como para mim, devido à boa parte da história da banda —, isso significa não desistir. Naturalmente, minha opinião a respeito disso se desenvolveu com o tempo — não necessariamente a parte do bebê, mas a possibilidade de desistir do meu papel de criador.

Ano passado, tuitei uma foto dos Eagles com sua formação atual, sem o cofundador Glenn Frey.[1] Escrevi: "A turnê dos Eagles já está com mais shows marcados devido à demanda. Ver uma foto da banda com apenas um dos membros originais é uma evidência do poder atemporal e da resiliência das grandes canções, criadas ao longo de décadas por músicos que buscam consolidar sua identidade e sonoridade."

---

[1] Frey morreu em 18/01/2016. [N. da T.]

Então, comecei a receber um monte de respostas amargas, como: "Eles não são os Eagles. Esses caras deveriam parar. Isso é uma banda cover."

Eu estava lendo isso tudo, até que outra opinião surgiu: "Ah, Paul, você está dizendo isso por causa do KISS. Vocês também são um cover."

Raramente respondo a esse tipo de coisa; mas, dessa vez, resolvi abrir uma exceção:

> Aos resmungões,
>
> As milhares de pessoas que vão adorar ver os Eagles nessa turnê não se importam com o que vocês pensam, e vão se divertir enquanto vocês reclamam das bandas que não atendem aos seus critérios. Em um mundo no qual outra pessoa é feliz, sua infelicidade não importa.

E se você não acha que estou fazendo o suficiente para preservar o legado da banda, está muito enganado. Adoro a ideia de que os Eagles estão sendo liderados pelo filho de um dos fundadores (Deacon Frey), um dos fundadores (Don Henley) e alguns outros caras. Outro exemplo é o Yes. Não há sequer um membro original na formação. No entanto, não os considero uma banda cover, pois uma banda que existe há décadas evolui e é afetada por mudanças pessoais e crises de saúde. Então, eu os considero o Yes? Com certeza. Isso não acontece da noite para o dia. Membros entram e saem. Com os Eagles não foi diferente: Timothy B. Schmit é ótimo, mas não faz parte da formação original, nem Joe Walsh. E Deacon Frey nem tinha saído das fraldas há pouco tempo. Gosto da ideia de que a resiliência de uma banda não se limita a um conjunto específico de membros? Pode apostar que sim.

É tudo uma questão de entender seu papel, e compreendo o meu: dar às pessoas o apoio para que sejam suas próprias defensoras. O autoempoderamento é o segredo para tudo o que ganhei lutando contra aqueles que me diziam como as coisas deveriam ser ou o que esperavam de mim.

Compreensivelmente, alguém pode querer que você lute. Tudo o que quero fazer é tirar esse fardo dos seus ombros. Você escolhe suas batalhas. Todos escolhemos nossas batalhas. Ao passarmos por momentos determinantes, no final, precisamos decidir com consciência tranquila, sabendo que a decisão é nossa, e apenas nossa. Isso esclarece muita coisa para mim: vi pessoas deixarem esta Terra e que desejavam se conectar com alguém que definitivamente não considerassem um estranho.

Minha vida segue minhas regras. Algumas vezes, quando o KISS parecia que ia implodir, e os críticos ou as pessoas que não gostavam de nós ficavam ansiosas para que isso acontecesse, eu o revivi e ressuscitei em meio à agonia, não fosse por outro motivo além do fato de que ninguém decidiria o fim. Isso é inaceitável. Acredito que a banda deve continuar, mesmo que alguém diga o contrário.

Conheço pessoas que disseram: "Minha banda precisou acabar porque eu saí." Bem, eu discordo. Nossa banda deve continuar porque o que criamos — fruto de muito trabalho duro —, ainda vale muito, e, por mais brega que pareça, o KISS representa um oásis para algumas pessoas — e isso vale muito mais do que o maldito melhor show por aí. É a ascensão à vitória dos menos privilegiados. O sucesso nunca tirou isso de nós. Só esse motivo já é suficiente para pensar que deveria durar. Se tudo o que ele representa é que *se eu posso, você também pode*, então a mensagem do KISS nunca envelhecerá. Quero lutar por todas as pessoas que enfrentam adversidades.

O poder e o sentido do KISS também transcendem seus integrantes.

Alguns amigos e pessoas próximas me disseram que devo continuar. Eles deixam bem claro que não querem perder sua conexão emocional com a banda, o efeito apaziguador em suas vidas. E eu digo: "Entendo, mas fiz isso, antes de tudo, para escrever minhas próprias regras — e isso inclui poder escolher quando será o fim da banda."

É interessante, no entanto, porque o outro lado da moeda é que há pessoas que dizem que determinado atleta deveria parar de jogar por não ser mais tão bom quanto foi no auge. Nesse caso, minha resposta é: "É seu direito parar de prestigiá-lo, mas ele não deve nada a você. Pelo contrário, é você quem deve a ele."

Ninguém precisa se desculpar por fazer o que ama. São eles que decidem quando e se vão parar.

E, se decidir parar, você tem o direito de parar de ir aos jogos ou ouvir as músicas — seja lá o que for. Você tem o direito de parar de comprar ingressos. É estranha a ideia de que as pessoas que o fizeram feliz precisem ir embora por não atenderem mais às suas expectativas.

Nunca se tratou das expectativas alheias, mas das minhas.

14

ENCONTRE O VERDADEIRO SENTIDO DAS REALIZAÇÕES E SE APAIXONE TODOS OS DIAS

Eu diria sem hesitar que as pessoas que mais ralam são as que atuam com entretenimento. Elas anseiam por atenção. Anseiam por aprovação e validação do seu valor, coisa que não sentem intrinsecamente, e não procuram preencher esse vazio apenas com relacionamentos; buscam preenchê-lo também com o público.

Para a maioria das pessoas, quanto maior o público, mais intimidadas elas ficam. Ser forçado a ficar na frente de 20 mil pessoas seria o pior pesadelo de muitos. Mas, por acaso, conheço muitas pessoas que se sentem na Disneylândia nessas situações. Pessoas que tendem a ser inseguras, se têm os meios e as ferramentas, usam essa plataforma para se colocar diante da adulação em massa.

Para mim, isso é óbvio.

Por que as bandas querem estar em turnê o tempo todo? Porque durante as turnês elas se sentem onipotentes. É o período em que se sentem mais importantes.

Elas se sentem importantes quando vão ao supermercado? Acho que não. Sentem-se importantes ao levar os filhos para a escola? Aparentemente, não. As pessoas que procuram atenção, geralmente, são as mais "desajustadas", com o perdão da palavra; têm problemas com autoconfiança e autovalorização, e procuram uma validação externa que não têm e não recebem nem das pessoas com quem convivem.

Quando o KISS começou, pessoas como Bill Aucoin (nosso empresário) e Sean Delaney (um cara que foi pau para toda obra e fez de tudo, desde ajudar a aprimorar nossa performance ao vivo e colaborar com composições a dirigir nossa van) demonstraram uma surpreendente habilidade de fazer com que cada pessoa da banda se sentisse a favorita. O que é fantástico, porque as birras e a necessidade de atenção e aprovação de quatro bebês muito carentes não permitiam que alguém fosse, de fato, o favorito. Tanto Bill quanto Sean faziam com que cada membro da banda sentisse que era o melhor e mais importante, como se fosse a força motriz, o mais talentoso ou especial. Se não fosse por eles, não acho que o KISS teria sobrevivido. Bill, principalmente, era excelente em ser paternal com um grupo de rapazes que não eram muito mais novos do que ele.

Lá nos primórdios, me apresentar era meu oxigênio. Era meu sangue. Hoje, adoro me apresentar por razões diferentes. Ainda gosto da sensação de receber atenção e ser prestigiado, mas não dependo mais disso. Amo me apresentar porque não preciso disso.

Há pouco tempo me perguntaram: "Por que você ainda faz isso?"

"Sabe", respondi, "estar longe de casa é horrível. Dormir sozinho em um quarto de hotel é horrível. Mas, quando as cortinas se abrem e sinto a vibração dos fãs do KISS e o que isso representa, é emocionante. Estar com eles durante o show é emocionante. E é *por isso* que ainda o faço".

Faço isso porque sensação alguma se compara a estar no KISS, e eu adoro isso. Amo o que somos, amo o que criamos e, acima de tudo, amo a conexão com o público. Quando comecei, fiz isso por mim mesmo. Hoje, faço pelos fãs. E isso faz toda a diferença.

No começo, eu nem queria voltar para casa. Hoje em dia, tolero tudo que faz parte de estar em turnê — como ficar longe de Erin e de nossos filhos — porque estar no palco faz parte de quem sou, e minha família deve entender que isso faz parte de mim. Não *preciso* fazer, mas *quero*.

Acho que, enquanto o quebra-cabeça se expandiu, a peça que representa o KISS diminuiu. Mas ainda é uma peça essencial. Nada se compara a estar no palco com a banda. Nada se compara a vestir as roupas e cantar as músicas para o público. Hoje, o KISS é realmente uma lenda, e agradeço por fazer parte disso.

Costumo dizer: "Mostre-me uma banda que diz preferir tocar em casas de show que eu mostro uma banda que não consegue tocar em um estádio." A banda pode ser boa, mas ninguém me engana dizendo que prefere tocar em várias casas de show em vez de fazer uma grande apresentação em um estádio, arena ou festival ao ar livre. A energia é muito maior. Acho que o que as pessoas falam sobre energia tem uma base biológica real, porque a energia que vem de uma plateia de 100 mil pessoas quase faz levitar. É como uma onda daquelas. E saber que todos estão lá para ver o KISS é incrivelmente motivador e empolgante.

Quando os quatro membros originais do KISS se reuniram, havia, em minha concepção, uma boa possibilidade de consertar as coisas e voltar mais espertos, com cada um se sentindo melhor consigo mesmo e com as expectativas, e isso traria progresso. O KISS sem maquiagem ainda gerava grandes montantes de dinheiro, mas nada se comparava com o que tínhamos feito em nosso auge.

Quando colocamos a maquiagem de novo, descobri que eu ansiava por ter esse sucesso novamente. Não percebi antes, por incrível que pareça. Então, uma vez que me comprometi, pensei: *Vou saborear este momento de maneira muito diferente que da primeira vez.*

Eu estava determinado a apreciar a oportunidade como um adulto, sob todos os aspectos, o que não fiz da primeira vez. Foi uma decisão sábia e significou muito para mim. Estremeci no palco diversas vezes.

Conseguir reviver algo com uma capacidade de apreciação maior é uma dádiva. Quem tem essa chance? Na primeira vez, eu não tinha vivido o suficiente para enxergar o sucesso como parte de algo maior. Então, apreciá-lo novamente sob uma perspectiva mais madura foi maravilhoso.

E nós o mantivemos por décadas novamente.

Ainda me lembro de estar nos bastidores do American Music Awards com Tupac Shakur, quando fomos anunciados como convidados surpresa, aparecendo com maquiagem pela primeira vez depois de mais de uma década. E eu estava lá, pensando: *Será que vão rir de nós? Será que vão se assustar? Será que vão pensar que é uma piada?*

Então, subimos no palco e cada músico adulto na plateia parecia ter voltado à infância. O deslumbre em seus rostos era inacreditável. Quer dizer, eu me lembro de olhar para alguns rostos muito famosos que, de repente, foram transportados para outro lugar. Foi uma sensação incrível — de que realmente poderíamos voltar, vestir as roupas, calçar as botas, colocar a maquiagem e ser o KISS novamente. Eu não percebia a magnitude, a importância e o impacto que isso gerava.

Aquela sensação de acordar de manhã cedo, após o evento, em Los Angeles, e ouvir no telefone que os ingressos colocados à venda pela Ticketmaster haviam se esgotado em poucos minutos e que já estavam sendo agendados um segundo e um terceiro shows foi incrível. Foi um presente, e um presente para todos nós.

Quando nós esgotamos os ingressos do Tiger Stadium — show que abriu a turnê —, fiquei chocado. Eu não havia percebido o quanto significava para as pessoas e o quanto elas nos queriam de volta. Acho que ninguém falou sobre isso antes porque ninguém achou que seria possível. E, quando aconteceu, foi realmente uma ressurreição.

Eu só queria que todos percebessem que esse poderia ser um novo começo. Mas sabia que isso não aconteceria de uma hora para outra.

Eu estava preparado para apreciar, saborear esse momento e me sentir abençoado. E isso me obrigava a dar o melhor de mim — ser *digno* disso.

Com o tempo, infelizmente, nem todos concordaram. Uma vez que não estávamos a todo vapor, o KISS era apenas um nome. Não estávamos cumprindo nossas obrigações com os fãs, nem conosco. Foi decepcionante e desmoralizante a ponto de acharmos que precisávamos desistir.

Mas eu amo tanto essa banda, que logo ficou claro que eu não queria que acabasse. Queria mesmo era o fim da dor e do constrangimento.

Tem sido bom me reconectar com Ace nos últimos anos, cantar em seu álbum e tê-lo no KISS Kruise. Foi magnífico, mas não significa que voltou a ser como antes. Não foi um reencontro caloroso. Tratava-se de aproveitar a parte boa da nossa história juntos, e talvez eu ajudá-lo. Não tínhamos nenhuma grade ambição, a não ser passarmos um tempo bom juntos e abraçarmos o significado dessa fase que foi muito importante em nossa vida. Sem Ace, não haveria KISS. Então, não vale a pena celebrar e aproveitar?

Na época em que entramos para o Rock and Roll Hall of Fame, um repórter me perguntou: "Por amor aos velhos tempos, você não gostaria de fazer isso mais uma vez [voltar a tocar juntos]?"

Perguntei de volta: "Quantas vezes você se casou?"

"Duas", respondeu o repórter.

"Que tal, por amor aos velhos tempos, você passar uma noite com sua ex-esposa?"

Acho que chegamos a um consenso naquele momento.

Ter Ace de volta em minha vida, agora com um desempenho melhor, é bom. A ideia de tê-lo no KISS Kruise, há dez anos, teria sido absurda. Havia muitos ressentimentos e questões mal resolvidas — e certo desconforto. Mas a vida é muito curta. Se Ace fosse um idiota hoje, eu não gostaria de tê-lo por perto. Mas, se podemos aproveitar a companhia um do outro, temos muito em comum para não o fazer.

Peter, infelizmente, é um caso bem diferente. Não acho que ele tenha vida. Ele parece consumido por algum tipo de realidade a que sua esposa o condiciona. Ele sempre foi negativo e sempre manteve uma mentalidade de "nós contra eles". Não quero isso na minha vida. Não se trata de ter diferenças, pois tenho certeza de que Ace e eu as temos. Trata-se da raiva, do ressentimento e do vitimismo de Peter. Ele precisa reconhecer sua participação e depois mudar as coisas. Acho que a vida de Peter deve ser unidimensional, desinteressante e pouco empolgante — o que resulta em ver o mundo de maneira tão negativa e ver todos, desde os membros da banda até os funcionários de hotel, como desrespeitosos.

Ninguém deveria viver nesse mundo, e não quero fazer parte dele.

Nos últimos anos, comecei a perceber que a vida é como jogar queimada. De uma forma ou de outra, estamos apenas tentando garantir que a bola não nos acerte. E, no decorrer disso, vemos as pessoas ao nosso redor serem atingidas. Do jeito de cada um, todos estamos tentando não ser queimados.

Às vezes, a impressão que temos de determinada pessoa é preservada no tempo devido à sua morte. Ela se torna bela e talentosa para sempre. Tome como exemplo a diferença entre a impressão que tinham de James Dean e Marlon Brando vivos e a impressão que se tem hoje desses atores, agora que se foram. Kurt Cobain foi nitidamente torturado por desordem mental e dependência de drogas. Mas quem poderia dizer que dois álbuns depois ele não seria esculachado pelos críticos, e que as pessoas que o amavam questionariam o sentido de suas músicas? Os jovens caminham na corda bamba, e os sortudos conseguem atravessá-la. Alguns estão predispostos a correr mais riscos, mas não sei se Kurt Cobain estava, sob algum aspecto, próximo de ser capaz de se aceitar e amar a si mesmo.

Felizmente, estou mais do que satisfeito. Estou encantado com a vida. Minha vida superou tudo o que eu esperava. Somente quando vivemos, estabelecemos metas e aprendemos ao longo da jornada, temos ideia do que é realmente possível. Temos que experimentar a vida para conhecer seu potencial.

O que exalamos e o que os outros veem geralmente é resultado do que está dentro de nós. Não sou a mesma pessoa que era há 5 anos. E certamente não sou a pessoa que era há 30 anos. Sou mais feliz, mais realizado e mais simpático.

É difícil sermos simpáticos quando estamos infelizes. Pode ser que alguém tenha pena de nós e queira nos ajudar apenas por que isso o faria se sentir melhor. Chamo isso de Síndrome de Florence Nightingale. Algumas pessoas gostam de encontrar alguém que pareça estar pior do que elas, pois isso faz com que se sintam melhor consigo mesmas — de maneira particularmente esquisita, eu acho.

No entanto, quando alguém está feliz, as pessoas só querem estar perto dessa pessoa, e talvez queiram saber o motivo dessa felicidade.

15
SEJA VAIDOSO, NÃO NARCISISTA

Quanto mais em forma estivermos, mais bem preparados estaremos para lidar com outros aspectos de nossa vida. Quando estou em forma, desenvolvo relacionamentos melhores. Quando tenho relacionamentos melhores, me alimento melhor. Esses são alguns dos pequenos topos que podemos alcançar e, ao fazermos, encontramos motivação para escalar o próximo.

Ninguém quer ver um cara gordo usando roupas justas. Esse fato me ocorreu pela primeira vez pouco depois de completar 30 anos. Eu ainda parecia em forma por causa dos shows que fazíamos, que consumiam muito do meu físico e eram verdadeiros exercícios aeróbicos. Mas minha família tem colesterol alto — meu colesterol sobe só de olhar para um bife. Depois de adulto, os grupos alimentares básicos passaram a ser carne, queijo, leite integral e ovos. Tanto minha mãe quanto meu pai precisaram fazer revascularizações miocárdicas, e minha avó morreu de doença cardiovascular na época em que isso costumava ser sentença de morte.

Então percebi que eu provavelmente teria que trabalhar para ficar em forma.

No início dos anos 1980, os gurus da boa forma eram tendência nos programas de TV. Então, dando um tiro de misericórdia, peguei o número de um cara que tinha um programa chamado *Body by Jake*. Era a época da ascensão de Arnold Schwarzenegger em Hollywood, e Jake era um perfeito marombeiro. Eu não queria ficar assim, mas liguei para saber dos treinos. Em algum momento durante a conversa, ele disse: "Vou fazer você sofrer!" E, cá comigo, pensei: *Por que eu pagaria alguém para me fazer sofrer?* Apesar de saber que o fato de sofrermos não significa necessariamente estar em melhor forma, *eu não conseguia andar, então, cara, devia estar indo muito bem.*

Ele não era o personal trainer mais indicado para mim.

Felizmente, um amigo me indicou outro personal, chamado Michael Romanelli. Ele me perguntou qual era mais ou menos o meu tipo físico. Meio que zombei e disse a ele que estava em melhor forma do que 98% da população. Quando realmente comecei a entrar em forma, percebi que, se estivesse em melhor forma do que 98% da população, o resto dela estava à beira da morte. A notícia boa, porém, foi que Michael me mostrou que realmente não havia segredo para entrar em forma. Não havia necessidade de academia, nem de equipamentos caros. Até então, eu compartilhava do senso comum de que precisamos confiar em fatores externos e em pessoas intimidadoras que supostamente sabem mais do que nós e nos levam a comprar itens, assinar contratos ou nos inscrever em planos de que realmente não precisamos. Pedreiros não fazem academia, eles erguem muros. Levantar o próprio peso é eficaz. Abdominais não custam nada. Logo, é possível elaborar um plano de exercícios acessível para todos. Com isso em mente, fiquei em ótima forma.

Isso foi há 30 anos. Estou em um território desconhecido agora: se, naquela época, você me dissesse que eu correria em um macacão de lycra até hoje, eu perguntaria o que você andou fumando. Não direi que sou a mesma pessoa que fui. Ninguém é imune ao envelhecimento. Consigo fazer tanto no palco agora quanto já fiz? Claro que não. Mas eu faço muito. E faço muito mais do que integrantes de outras bandas, até mesmo bandas cujos membros têm 25 anos, não 65. Estar em forma hoje dá valor e qualidade à minha vida. Estar no palco e não sentir o peso da idade é empolgante. Então, hoje, mais do que nunca, sinto uma necessidade intensa de me exercitar. Na verdade, se não o faço, fico incomodado. Porque, quando o faço, sei que fiz minha parte.

Depois de começar, as recompensas por cuidar de si mesmo continuam a motivá-lo. Quando comecei a malhar, não percebi como estava fora de forma até depois de alguns dias, quando meu corpo sentiu o choque. Mas isso passa, e nada motiva mais do que os resultados.

Depois de quatro semanas malhando, olhei no espelho e entendi. Eu conheci a sensação.

Quando você começa a malhar, é fácil se perguntar por que está fazendo aquilo — por causa da sensação de inconveniência, da dor e do tempo que tira do seu dia. Porém, quando vê os resultados, quer isso signifique perder peso ou apenas se sentir melhor, você passa a querer mais. Eu me lembro de começar a ver e sentir a diferença em um mês. Eu só queria continuar. Tornou-se algo que acrescentei à minha rotina sem ponderar muito. Era hora de não ser arrastado para reuniões ou eventos sociais. Era o meu momento. E não parecia apenas outra tarefa; parecia mais uma aventura.

Além disso, as endorfinas estão entre as drogas mais fortes do mundo. Quando fluem, nos sentimos melhor mentalmente. Quando nos sentimos melhor física e mentalmente, é como se estivéssemos prontos para enfrentar o mundo. Houve momentos em que senti que poderia levantar um trailer. Felizmente, não fui estúpido o suficiente para machucar minhas costas tentando, mas a sensação é exatamente essa.

Malhar se tornou prioridade em minha vida, pois qualquer hábito saudável que adquiro acaba me ajudando em tudo o que faço. Tornou-se parte do compromisso que tenho comigo mesmo de me tornar melhor. Uma maneira eficaz de nos sentirmos bem em relação a nós mesmos é estar em forma. Os exercícios não apenas alteram a química de nosso corpo, mas também mudam a forma como os vemos e a nós mesmos de maneira mais ampla. O efeito é bem abrangente. Para mim, é necessário também. Ser quem sou no palco requer certa disciplina, embora, sinceramente, eu seja vaidoso o bastante para querer malhar sem nenhuma outra razão, independentemente de me ajudar com as performances ao vivo. Um grande amigo meu certa vez escreveu em um livro que eu era terrivelmente vaidoso. Pensei: *Como posso ser terrivelmente vaidoso?* Ou você é vaidoso ou não é, e eu sou vaidoso.

Então eu disse a ele: "Não sou terrivelmente vaidoso. Sou vaidoso."

Você está morto ou está vivo. Não existe meio-termo.

Ser vaidoso é diferente de ser narcisista. A base do narcisismo é a história de Narciso definhando, afogando-se na própria aparência, tornando-se obcecado pelo próprio reflexo. Bem, isso é muito negativo. Mas ninguém deve confundir narcisismo e vaidade. Tenho orgulho de ser vaidoso. Quem não gosta de parecer sempre seu melhor?

E eu não quero definhar nem me afogar.

Assim como aprendi a ficar em forma, também aprendi que comer bem e se exercitar não resume a história. Se tudo o que ganhamos é massa muscular, não ganhamos nada. Se não estamos trabalhando nossa mente e nosso coração, acabamos nos tornando um carro sem motor. É ótimo começar o dia refletindo sobre o que fizemos e o que queremos realizar ou sobre como queremos conquistar o mundo. E, quando vamos dormir, quando nos deitamos na cama, devemos ser gratos pelo dia que passou e agradecer a nós mesmos, ou a qualquer poder superior em que acreditamos, por termos tido um grande dia de experiências e por estarmos mais perto de nossos objetivos.

Não quero dar uma de Yoda, mas o corpo e a mente devem trabalhar em harmonia. Se quisermos viver uma vida da mais alta qualidade, aproveitando ao máximo todas as possibilidades, precisamos cuidar não apenas do nosso corpo, mas da nossa mente e da nossa alma. Em última análise, nada nos fará sentir melhor a respeito do mundo do que contribuir. Nada nos fará sentir melhor a respeito das pessoas do que ajudá-las. A generosidade do espírito é necessária para uma vida positiva. Acordo todos os dias e organizo meus afazeres de acordo com o que desejo, para que, ao final do dia, tenha cumprido os objetivos ou trabalhado em função deles. Sem isso, a vida se torna vazia, e nossa aparência, algo supérfluo.

É a trajetória que conduz à conclusão de metas. Tudo se baseia na trajetória. Não podemos ir do ponto A ao ponto B sem dar o primeiro passo. Portanto, a trajetória — por mais chata que pareça — é o que nos impulsiona. Estou longe de ser obcecado por malhar. Mas é necessário elevar minha qualidade de vida. Comprometer-me a ficar em forma também reforça minha capacidade de fazer algo que nem sempre me empolga. Mas sei que os esforços de hoje farão com que eu pareça e me sinta melhor amanhã, tanto no palco quanto na vida.

É claro que não deveríamos fazer algo até estarmos prontos para fazê-lo 100%. Houve períodos em que não malhei durante um ano. Não faria isso agora, mas não acredito em fazer as coisas pela metade. Se você não vai se comprometer com algo, nem comece. Quando estiver pronto, pule de cabeça.

Não estou dizendo que precisamos dedicar toda nossa energia a apenas um foco. Mas temos que nos dedicar 100% ao que estamos fazendo em qualquer momento. Caso contrário, de que adianta? Se lermos um livro e não nos concentrarmos, teremos que o ler de novo.

Um dos fatores que me motivaram a escrever este livro foi meu desejo de que, em algum momento da vida, alguém tivesse sido mais como um amigo do que como um obcecado por músculos me ajudando a cuidar da minha saúde. Sinceramente, mesmo quando eu tinha um personal, era claro para mim que sua aparência refletia a maneira como ele achava que *você* deveria ser. Isso é determinante: se um personal parece que come músculos no café da manhã, a menos que queira ficar assim, você está sendo orientado pela pessoa errada.

Tenho tendência a desenvolver músculos, por isso é importante ficar atento para não levantar muito peso. É difícil explicar isso a um personal. Alguns deles dizem: "Sim, sim, eu entendo." Então me olho no espelho e vejo Lou Ferrigno, o primeiro Hulk.

Certa vez, Bill Aucoin me disse: "Esse visual não combina com você", o que equivalia a afirmar que começou a parecer que eu rasparia os pelos do peito e me exibiria cheio de óleo mineral.

Então, é uma questão de aprender pela experiência e, em seguida, bater o pé e dizer: "Isso eu farei, e isso aqui, não." Se acha que precisa de um personal, encontre alguém que tenha o corpo que você quer ter — porque é como ele tentará fazer você ficar.

A imagem corporal é como qualquer outra coisa: questão de opinião. Não há certo ou errado em termos do que você acha ser bom. Só quero conseguir fechar os braços.

Até hoje, o halter mais pesado que já levantei foi de 5kg. Geralmente, costumo usar de 1kg ou 2kg. E, ainda assim, tenho o corpo que quero — por causa das repetições. A menos que queira se tornar halterofilista ou lutador de vale-tudo, você deve treinar com mais repetições, não com pesos maiores.

Muitas pessoas cometem o mesmo erro que eu — forçam-se a descobrir o peso máximo que conseguem levantar. Às vezes, o que pesa mesmo é a pressão que colocamos em nós mesmos. Esse é o único problema da maioria das pessoas — o mesmo que tive no começo —, esse padrão de muitas repetições e pouco peso parece estar em desacordo com a ideia de desenvolver músculos. Mas o que realmente queremos é a fadiga muscular. E podemos obtê-la levantando muito peso poucas vezes ou levantando pouco peso muitas vezes. Precisei chegar a essa conclusão sozinho.

Os fisiculturistas parecem brutamontes ao vestir um terno porque seus intercostais são muito grandes. Parece que colocaram roupas em um gorila. Lembro-me de que meu personal, que era fisiculturista profissional, disse que o cara que vence um concurso de fisiculturismo é o menos saudável. O advento de esteroides e hormônio do crescimento transformou algo que, em teoria, deveria ser saudável em algo grotesco. O fisiculturismo foi inicialmente uma abordagem saudável para se exercitar. Agora, infelizmente, é apenas um show de horrores. E não é por causa dos exercícios, mas por causa de como são feitos. Quando caras como esses vestem um terno, parecem — me sinto mal ao dizer isso — estar fazendo força para cagar. O pescoço deles parece estar prestes a explodir.

Sempre pensei: *Nunca quero ficar assim.*

Esqueça esse negócio de competir de sunguinha. Precisamos usar roupas, e esse tipo de corpo não fica bem em roupas. Não quero ferir os sentimentos de ninguém. Essa é apenas minha opinião. Mas, com poucas exceções, quando a maioria das pessoas nos conhece, estamos vestidos. Assim, a forma como parecemos vestidos é uma preocupação válida — até mesmo prioridade. Como parecemos vestidos? Poder tirar as roupas é um bônus. Mas não temos essa chance a menos que sejamos aceitos enquanto as usamos.

Não se trata de quanto conseguimos levantar, mas de como levantamos e descemos os halteres. A questão é o controle do movimento. É assim que entramos em forma. Trabalhamos mais os músculos quando os usamos desde o começo de um movimento até o final. Levantar um halter é metade do movimento. Descê-lo é a outra metade. Por isso prefiro fazer 50 repetições com um peso de 2kg a 5 com um de 25kg.

Faço a mesma série há mais de dez anos e devo dizer que, quando descobri esses exercícios aeróbicos, sabia que tinha encontrado um treino bem completo. Nem preciso adaptá-lo quando estou em turnê. Tento fazê-lo cerca de três ou quatro vezes por semana — não porque preciso, mas porque gosto. Esse treino consiste de abdominais, levantamento de pesos leves, extensões com as pernas, oblíquos etc. Como qualquer outra coisa, quando você encontra algo que adora — no meu caso, uma série de exercícios que aprecio —, é mais recompensador do que cansativo.

No caminho, você tropeça; mas, uma vez que tenha um plano definido, lembre-se do que repeti algumas vezes: determinamos o quão importante algo é para nós de acordo com o quanto estamos dispostos a trabalhar para alcançá-lo. É uma questão de determinação.

Quando estamos prontos para abraçar esse plano, a vida fica mais fácil.

E, felizmente, nunca é tarde demais para entrar em forma. Tudo é relativo. Quando alguém diz que você está ótimo para um cinquentão, não significa que está ótimo para os 30. E por que deveria? Ter uma boa aparência para alguém de 50 anos é suficiente. Estar em forma fez toda a diferença para mim, não importa quantos anos eu tenha.

Ninguém pode enganá-lo dizendo que é a mesma pessoa que era. Eu não sou. Um lutador experiente pode até realizar menos golpes, mas tenta garantir que cada um deles seja preciso. Procuro fazer o mesmo, certificando-me de que tudo que eu faça gere resultados — eu me tornei um lutador mais sábio.

Todos precisamos abandonar quaisquer preconcepções a respeito do que significa envelhecer, pois elas geralmente são baseadas em uma percepção infantil, não na realidade. Elas são baseadas em como enxergávamos nossos pais. De alguma forma, acreditamos que eles tinham todas as respostas. Então, quando nos tornamos pais, percebemos que ainda somos crianças tentando descobri-las.

Hoje, estar em forma atribui valor e qualidade à minha vida.

É bom ver fãs mais jovens em shows do KISS se surpreendendo com minha aparência física. E já vi esposas acotovelarem seus maridos e dizerem: "Ele é mais velho do que você!"

Mas não há segredo para isso. E não se trata de uma obsessão ou fardo. Lembro-me de uma época em que eu achava que as pessoas que malhavam demais tinham algum tipo de compulsão ou fraqueza que as compelia a tal. Mas, se planejado da maneira correta, não é nada disso.

Não cheguei aonde estou do dia para a noite, mas posso garantir: uma vez que o motor esteja destravado e os pistões funcionando, não há quem diga quanto tempo você ficará na estrada.

Como você sabe, tenho 3 filhos com menos de 15 anos. Conheci muitos dos meus amigos por meio dessas crianças. E isso significa que muitos deles são 15 ou 20 anos mais jovens do que eu.

A maioria não consegue me acompanhar.

Todos apostamos contra o tempo e perdemos. O tempo sempre vence. Mas podemos lutar de uma maneira que não seja constrangedora. Temos que abrir mão de noções preconcebidas a respeito do que significa envelhecer. E, certamente, não há motivo para se envergonhar por tentar preservar a juventude.

Não me importo em envelhecer, mas também não quero.

E é assim que funciona até hoje. O KISS ainda faz turnês mundiais pelos 5 continentes. O KISS Kruise recebeu fãs de 33 países. O KISS Army — e agora o KISS Navy — está vivo e com tudo. Essa ideia começou como um protesto contra uma estação de rádio em Terre Haute, Indiana, por jovens chateados com o fato de que os DJs não tocavam as músicas do KISS que eles queriam ouvir, tantas gerações depois. E tudo isso é possível porque ainda posso me apresentar no nível físico que nossos shows exigem.

Parte do que mantém o KISS eterno é que, para todos os efeitos, ainda somos os mesmos. Nós preservamos o sonho.

Posso não ser eterno, mas sou feliz.

16

TENHA ORGULHO DO QUE FAZ, TENHA ORGULHO DE SI MESMO

Não sou muito fã de correr riscos. Não salto de paraquedas. Por que eu iria tão alto para saltar quando já estou no chão? Isso não faz sentido para mim. Nunca pensei em arriscar minha vida para provar que estou vivo.

Mas gosto muito de sorvete — demais para um cara que tem colesterol alto, como eu. Na década de 1980 — quando eu tinha lá meus 30 anos —, fui a um médico para verificar minhas taxas pela primeira vez na vida. Ele disse: "Você nunca mais vai comer sorvete."

Respondi: "Você está falando com o cara errado."

A vida não funciona assim.

Eu não quero comer uma barra de proteína que tenha gosto de Amoeba e restos de carpete. Ser saudável e comer razoavelmente bem não significa necessariamente comprometer o paladar. Muitas pessoas veem a comida como combustível ou uma desculpa para ter uma hora de folga do trabalho. É verdade que nos alimentar é algo que precisamos fazer várias vezes ao dia, todos os dias. Mas podemos explorar o lado positivo em nossa vida.

Comer pode ser prazeroso, sim. Você pode saborear uma refeição. Pode desfrutar de seus sabores e de sua beleza estética. Nos Estados Unidos, porém, tendemos a enfiar a comida goela abaixo. É considerado combustível, ao contrário de algo que vale a pena saborear.

A questão é: precisamos comer de qualquer maneira — e transformar uma necessidade diária em algo prazeroso é edificante. Ao mudar a forma como concebemos nossas experiências, mudamos a maneira como nos vemos.

Meu conselho: cozinhe como se você se importasse! É outra excelente opção de se orgulhar por fazer algo bem-feito.

Qualquer coisa que valha a pena fazer vale a pena fazer bem. Não há motivo para tentar algo novo sem nos comprometermos inteiramente. Caso contrário, sabotamos nosso potencial para o sucesso, e também nosso potencial para degustar a oportunidade. Só ficamos livres para outros afazeres quando damos conta do que precisamos fazer. Isso vale para o cuidado com nossos filhos. Vale para relacionamentos. Vale para o cuidado com o corpo. E vale também para a alimentação.

Vale para tudo.

Alguns dias antes de terminar este livro, fiz macarrão para mim. Parece uma declaração estranha e talvez exagerada para a situação, mas não posso deixar de compartilhar o quão feliz eu estava, sentado com aquela tigela de cacio e pepe. É espaguete com pimenta-do-reino moída, manteiga e queijo pecorino romano ralado. Sentei na minha cozinha sozinho, muito feliz.

Era uma refeição relativamente simples, e ainda assim me senti satisfeito por tê-la preparado da maneira correta e saber que não sucumbi à praticidade. Eu poderia ter feito um sanduíche. Em vez disso, encontrei uma oportunidade não apenas para me sentir bem comigo mesmo, mas para devorar a recompensa.

Dá para dizer como foi legal?

E fácil fazer o que é mais prático. Nem sempre é preciso muito esforço para aumentar nossa autoestima. Aquela tigela de cacio e pepe não demandou muito esforço, e me fez aproveitar a refeição e me sentir melhor comigo mesmo de uma maneira fundamental. Se eu tivesse escolhido não fazer o prato, teria ficado sentado lá, pensando: "Eu deveria, eu poderia." Teria sido um desperdício: de calorias, claro, mas talvez, o mais importante, um desperdício de oportunidade.

Parece loucura, mas aquela simples tigela de macarrão parecia minha vida resumida em uma refeição.

Fazer esse tipo de coisa nos deixa orgulhosos de nós mesmos. Não é necessariamente algo que precisamos compartilhar com outros, embora também seja ótimo, mas deve partir de nós. A maneira ideal de nos melhorarmos não é buscando aprovação ou validação externa. Nós é que devemos nos aprovar e validar. É bom tê-las reforçadas externamente, mas isso não significa nada se não acreditamos em nós mesmos.

Não é diferente com o KISS — não se trata do que as pessoas pensam dos shows que fazemos. Não se trata de receber elogios. O que considero mesmo é a minha opinião. O resto, e pode parecer contraditório ou hipócrita, só tem valor para mim se for coerente com minha avaliação. Caso contrário, dispenso comentários. Se todos disserem que foi um grande show e eu não sentir o mesmo, sinto-me insaciado e desapontado. É muito mais gratificante ter nossas próprias percepções como parâmetro do que a opinião alheia. Essa é a mesma razão pela qual peço aos meus filhos que analisem a forma como se sentem ao realizar algo, em vez de simplesmente buscar a aprovação dos pais.

Uma vez contratei um carpinteiro para fazer um armário. Vi que ele estava fazendo um trabalho muito ruim, então perguntei: "Esqueça o que eu acho. Como *você* pode aceitar isso? Este é o *seu* trabalho. Este é o seu ofício. Esqueça o que eu acho e me diga: o que *você* acha?"

Quando nos concentramos em algo, o fazemos por outra pessoa ou por nós mesmos? Se não recebermos nada dos outros, a sensação de ter feito um bom trabalho, por si só, deveria valer a pena. As opiniões alheias são bônus. A imagem e o resultado próprios — saber, por exemplo, que somos bons pais ou pessoas — devem se formar a partir da consciência de nosso potencial. Obviamente, os resultados se refletirão em nossos filhos, no caminho que escolhemos e no impacto que temos sobre as pessoas ao nosso redor, mas somos definidos pelos próprios sucessos e esforços. Dar nosso melhor eleva nossa vida e o sentido de nossa existência.

Se estamos sozinhos e com fome, o que queremos é uma gororoba ou algo que gostaríamos de servir? Se eu preparar uma excelente refeição e ninguém mais estiver presente para compartilhá-la, o elemento mais importante da satisfação e validação tem que vir de mim, sem depender dos outros.

Aprendi a cozinhar por necessidade. Quando comecei, não tinha ideia do que fazer primeiro. Eu só precisava preparar algo saudável para meu filho depois que sua mãe e eu nos separamos. Também queria que ele percebesse que a vida continua e se sentisse seguro comigo. Logo me vi apreciando a experiência, rejeitando a ideia de fazer comida que satisfizesse apenas as necessidades básicas, mas algo que fosse agradável de comer e de olhar. E, mesmo que não soubesse como fazer, sabia onde aprender.

Em 1977, fui a Londres e visitei uma loja de roupas chamada Ebony. Ficava na South Molton Street, que é cheia de lojas bacanas. Na época, eu tinha um péssimo gosto. Eu usava roupas que pareciam ter sido emprestadas por Thomas Jefferson, e, em termos de sensibilidade para me vestir, eu não sabia nada. Então, fui para a Ebony e peguei uma jaqueta esportiva. Fui até um dos vendedores, disse que gostei da jaqueta e perguntei: "Você pode me ajudar a escolher uma camisa que combine?" Aí pedi a ele que trouxesse uma calça e uma gravata. Fiz a mesma coisa em outras lojas e acabei escolhendo peças que combinavam com a jaqueta e a gravata. Parecia fazer sentido para mim; assim, passei a anotar. Comecei a ir às compras e procurar coisas que combinassem com, digamos, aquela camisa, e anotava que essa nova camisa também combinava com aquela jaqueta e aquela gravata. Depois, comecei a acrescentar itens. *Vejamos, este casaco esportivo é parecido com o que tenho, então posso usá-lo com estas calças e esta camisa.* Depois de algum tempo, consegui abandonar as anotações e confiar na minha capacidade de escolher. Criei um estilo começando com apenas duas peças e uma estrutura que me permitiu aprender. Eu era metódico ao comprar roupas.

O mesmo vale para a forma como aprendi a escrever letras de músicas. Inicialmente, ouvia as músicas de que gostava e tentava escrever a partir de uma delas. *Ah, eu gosto dessa música do The Who — vou escrever algo parecido*. Isso aconteceu ainda mais tarde, quando, por exemplo, escrevi "Hard Luck Woman" depois de ouvir Rod Stewart. Eu ouvia algo, absorvia e imitava. "Hotter than Hell" foi a minha "All Right Now", do Free. Os modelos para minhas composições eram as pessoas que eu admirava, as pessoas que me inspiravam. Com o tempo, se você for bom, transformará essas inspirações em algo original. É uma questão de usar ingredientes diferentes e transformá-los em algo familiar, mas não uma cópia de algo já feito. Se, como cantor, eu pude transformar o que sinto pelas vozes de Sam Cooke, Steve Marriott e Robert Plant em um estilo próprio, por que não poderia fazer o mesmo com comida?

E eu fiz. Passo a passo. Todo um processo. Aprendi a lógica e aperfeiçoei alguns pratos que me permitiram ampliar meu repertório ao longo do tempo. Mas tudo começou com um prato e uma atitude.

Uma das primeiras coisas que comecei a fazer bem foram almôndegas. Qualquer um pode fazer almôndegas — afinal, é apenas um pedaço de carne. Tudo o que você precisa fazer é pegar um pouco de carne moída e deixar com formato de bola. Então, comecei a me perguntar: *Como posso melhorar? Como posso aprimorar?* Aí me lembrei do bolo de carne da minha mãe. A maioria das pessoas cresce desprezando bolos de carne. Isso porque muitas vezes é apenas um hambúrguer menos sofisticado. Mas minha mãe foi inteligente o suficiente para usar uma mistura de diferentes carnes e diferentes proporções de gordura para criar um perfil de sabor diferente. Quando disse aos meus filhos que eu faria bolo de carne, sem nem sequer saber como seria o gosto, só de assistir na televisão, eles pensaram que eu lhes daria qualquer porcaria. Mas, logo que o provaram, tornou-se uma de suas comidas preferidas.

Então, o que exatamente é uma almôndega? Uma bola de carne. É dessa ideia básica que partem as outras receitas. Enfim, partindo desse princípio, eu queria aprender como melhorá-la, criar diferentes texturas e perfis de sabor. Felizmente, meu amigo e extraordinário chef, Rocco DiSpirito, me deu a receita de *sua* querida mãe, que era um roteiro para a perfeição. Comprometer-se a fazer algo desafiador é incrivelmente satisfatório. Se tratarmos o que fazemos como um ofício ou arte, as pessoas ao nosso redor ficarão encantadas.

Mesmo que minha intenção de começar a cozinhar tenha decorrido de uma razão simples e prática — alimentar meu filho Evan —, levou-me a perceber que há muito o que explorar na culinária, e que isso pode ser gratificante. A alegria que sinto quando vejo que Emily adorou meu macarrão com pimentões e cebolas, ou quando Sarah e Colin adoram minha frittata, provoca um orgulho quase infantil em mim. Às vezes, fazemos algo por determinada razão, e a recompensa que recebemos não é a desejada. Ou é mais do que esperávamos. Ela preenche a necessidade original, mas abre outras portas que não teríamos conseguido de outra forma.

Por exemplo, se eu não tivesse feito *O Fantasma da Ópera*, não teria escrito um livro. Porque a peça, além de satisfazer quase uma década de um desejo profundo de fazer teatro, e o próprio espetáculo em particular, também me fez perceber por que fazer teatro era tão importante para mim, coisa que eu não tinha ideia. Quando comecei a fazer, tudo ficou muito claro. Que sensação. *O Fantasma* me levou a trabalhar com crianças com diferenças faciais e seus pais. Isso dificilmente teria sido possível de outra forma. Eu nunca tinha revelado minha microtia a ninguém. Precisei fazer *O Fantasma* para abrir essas portas — o que nunca teria acontecido de outra forma.

Quando nos comprometemos com algo, não há como sabermos até onde isso nos levará. Então temos que ser receptivos às possibilidades e às portas que se abrem. Na maioria das vezes, serão portas que nem conseguiríamos ver de antemão.

Culinária não é diferente de arte ou música. Não temos que cozinhar bem para apreciá-la. Se alguém vai a um museu e aprecia quadros, não significa necessariamente que sabe pintar, mas isso não o deve impedir de tentar. O mesmo acontece com a música. Lembro-me de ouvir músicas 10, 20, 100 vezes, tentando entender o que me conectava à canção. Ouvia inúmeras vezes para tentar desvendar suas camadas — e faço o mesmo para tentar descobrir como algo foi preparado na cozinha: tento discernir as camadas.

Comecei a pintar como uma maneira de extravasar, externalizar muita dor e tumulto. Mas acabou se tornando algo de que gosto muito. Sinceramente, é surpreendente o quanto adoro algumas das minhas obras. É algo que nunca imaginei. Nunca imaginei que minha arte afetaria outras pessoas também. E, acima de tudo, nunca imaginei que olharia para algumas das minhas obras e pensaria que, se eu as visse em uma galeria, adoraria.

Toda vez que aceito um desafio ou me interesso por um novo percurso, aprendo algo a respeito de mim mesmo. É outra peça de um quebra-cabeça grande e complexo. Porém essa complexidade é recompensadora.

Ao longo dos últimos 20 anos, tornei-me cada vez mais apreciador das habilidades culinárias, o que não deve ser confundido com a capacidade de cozinhar. Mas, à nossa maneira, podemos usar toda habilidade e imaginação que temos para tentar.

Não há nada de errado em se sentir orgulhoso por ter fervido água pela primeira vez. Tudo começa com um simples passo. Não chegamos ao vigésimo passo se não dermos o primeiro. O sucesso começa com a tentativa. Só Deus sabe quanta comida fiz que dei uma mordida e joguei o resto fora, mas isso não me impediu de continuar. Isso me mostrou que fiz algo errado. Procuro ser meu crítico mais severo e aprender com meus erros culinários tanto quanto aprendo com todos os outros.

O amor de Erin pela panificação e o meu pela cozinha despertaram uma aventura culinária para nossos filhos em que tudo pode acontecer, o que os motivou a criar as próprias receitas. Em nosso lar, ser criativo é de lei, e essa aventura em que tudo é possível constitui uma parte importante do nosso cotidiano, em que tem sido divertido e gratificante ter Colin e Sarah, que, além de serem alunos formidáveis e atletas incríveis na escola, também gostam de comer e de cozinhar.

Certo dia, entrei na cozinha na hora em que Colin tirava do forno alguns biscoitos de açúcar que ele havia preparado sozinho. Colin avisou com muita naturalidade que ele e Sarah fariam uma torta de maçã verde. Fiquei feliz, mas senti um potencial para o desastre. Para minha surpresa, a curiosidade e o comprometimento deles em fazê-la eram tão evidentes, que Erin e eu demos sinal verde para a experiência.

Eles nos disseram que eles mesmos fariam a massa, o que por si só seria um desafio. Então, começaram a cortar as maçãs. Erin e eu os deixamos sozinhos durante horas. E eis que, quando voltamos, havia uma linda torta de maçã decorada com treliças. Ficamos chocados.

Essa torta me lembrou de quando fiz calças para Gene e eu tocarmos no Hotel Diplomat, em 1973. Meus pais disseram apreciar minha tenacidade, mas achavam que fazer essas calças estava fora de alcance. Imagine, consegui fazer duas excelentes calças, embora em cada etapa do processo — desde cortar o tecido até colocar os zíperes — tenham me dito que seria impossível. Meus pais apreciaram meu esforço, mas não acharam que eu seria capaz.

A diferença em nosso lar é que Erin e eu incentivamos nossos filhos. E, então, lá estava aquela linda torta de maçã à nossa frente. Quando Colin e Sarah nos pediram para sentar e comer, Erin e eu nos entreolhamos como quem diz: *Tá, agora acabou a graça*. Em seguida, provei um pedaço. Estava alucinante. E fiz questão de deixar isso claro, afirmando: "Eu ficaria orgulhoso se tivesse feito essa torta. Está maravilhosamente boa!" Fui rapidamente correspondido por Erin, que disse: "Preparem-se, crianças, vocês é que vão fazer a torta do Dia de Ação de Graças!"

O ímpeto valente deles, acompanhado por uma ingenuidade a respeito do que é possível, trouxe resultados que, de alguma forma, espelharam meu sucesso com a banda e o sucesso de Erin como advogada.

Talvez o fato de não sabermos o quão difícil será torne as coisas mais fáceis. Podemos usar qualquer habilidade ou imaginação que tenhamos para tentar.

Não sou chef. Mas gosto de cozinhar da maneira que um chef gostaria de tocar guitarra. Isso não torna o chef uma estrela do rock, e gostar de cozinhar não faz de mim um chef. Simplesmente gosto de alimentar minha família e a mim mesmo e fazer comida boa. Cozinhar transforma uma casa em um lar, porque comer o que preparamos com carinho enche o ambiente de vida.

Na culinária, continuei desenvolvendo habilidades fundamentais — como a deglaçagem, que é um termo chique para derramar algum líquido, geralmente alguma bebida alcoólica, em uma frigideira e raspar o que fica agarrado no fundo para que o sabor se infunda no alimento, em vez de apenas deixar a panela difícil de lavar. Foi necessário que alguém abrisse essa porta para mim. Se encontramos alguém para nos ajudar, é tolice não aceitar a ajuda. A única pergunta idiota de se fazer é a que não fazemos. Há tantas oportunidades para aprender ao nosso redor, que tapar os ouvidos e fazer de conta que sabemos de tudo só nos machuca. No meu caso, comecei a enviar mensagens para chefs pelo Twitter e a fazer perguntas. Foi assim que aprendi a fazer deglaçagem usando vinho Marsala e caldo de galinha para aproveitar os sabores retidos no fundo da panela.

Certa vez, tentei fazer macarrão com frango e ervilhas, e parecia fácil, mas, quando provei, não estava nada bom. Nesse dia, mandei uma mensagem para Rocco DiSpirito. Onde será que errei? Bem, comecei errando. Você tem que preparar o tal do *sofrito*, definindo os sabores com as ervas e o caldo. Você precisa deglaçar sua panela. Sem saber o fundamental, fica difícil preparar um ótimo prato.

Deus está nos detalhes.[1] Deus também está nas nuances. São essas sutilezas que tornam algo único. Recentemente, em um restaurante, percebi que o chef havia pesado demais a mão no tempero, e que esses mesmos ingredientes em mãos mais cuidadosas teriam sido usados em proporções melhores. Acho que cozinhar não é diferente de qualquer outra coisa na vida. Tudo se resume a proporções. Trata-se de começar algo e seguir em frente com aquilo. E, embora eu esteja longe de ser chef, são os pequenos aprendizados que contam para a realização de algo, seja montar um guarda-roupa a partir de uma jaqueta, uma camisa e um par de calças, ou elaborar uma série de receitas começando com um simples prato.

De repente, com um pouco de ajuda, fiz um bom prato. E aí percebi que era possível fazer algo similar com camarão — e, assim como fiz com as camisas e a gravata, corri para o abraço. Ainda tenho muito o que aprender, mas, mesmo que pareça ingênuo, fico empolgado com a ideia. Fiz o macarrão com caldo de galinha, frango e vinho Marsala, ficou bom, e essa foi a chave que abriu uma porta que, até então, estava fechada.

Esse tipo de coisa — um feito básico, como preparar um maravilhoso prato de macarrão — é empolgante. Fiquei muito tempo correndo atrás do meu próprio rabo, mas um pouco de conhecimento e orientação me deram outro rumo. Com esse conhecimento e orientação, deixo minha marca na comida que faço. Não estou fazendo os pratos do Guia Michelin, mas estou fazendo uma comida boa e saborosa.

E eu não dispenso a sobremesa, doutor. Quer dizer, há um substituto à altura do sorvete? Cara, não. Então coma o sorvete. E aproveite.

---

[1] No original, *God is in the details*. Embora seja questionável quem foi o autor da frase, é comumente atribuída ao historiador alemão Aby Warburg. O historiador italiano Carlo Ginzburg fundamenta sua teoria do paradigma indiciário na mesma ideia. [N. da T.]

Logo, bem, eu também tomarei meu sorvete e descobrirei outra coisa que possa sacrificar. Mas, se comerei sobremesa, quero algo genuíno. Algumas coisas são insubstituíveis, e o sorvete é uma delas.

Além disso, certos pratos salgados precisam de gordura. Você não pode preparar certos pratos com carne magra. A gordura é indispensável. Um bom hambúrguer precisa de 20% a 30% de gordura. A disciplina que temos com o que *não* comemos nos permite comer o que *queremos*. Podemos fazer isso sem precisar comer alpiste para ser saudável.

Algumas coisas simplesmente não podem ser substituídas. Coma o sorvete. É disso que a vida é feita.

17
SIGA EM FRENTE, A JORNADA É PARA SEMPRE

Hoje, estou no topo da montanha no que diz respeito à música. Mas quero replicar o feito. Sinto uma grande fome de encontrar outro meio de obter novamente essa sensação de realização e validação. Não acho que essa sensação vá acabar.

O conhecimento de outras versões de si e do que é capaz se baseia em suas realizações anteriores. Todos os caras que viajaram para o espaço como astronautas precisaram começar de algum ponto, afinal.

Nossos sucessos abrem portas para outras possibilidades, e ansiamos pela mesma satisfação e adrenalina que sentimos quando percebemos do que somos capazes.

Procuro sempre descobrir do que mais sou capaz. Não por me sentir inferior, mas para valorizar minhas conquistas. Hoje em dia, isso ajuda a ampliar o quebra-cabeça. Ajuda a desenvolver um maior senso de quem sou. E é inspirador simplesmente por fazer com que eu me surpreenda com o que consigo fazer.

Todos nos surpreenderíamos com o que conseguimos fazer.

Quando você conquista o sucesso, algumas pessoas tentam intimidá-lo, mas, pelo amor de Deus, não se intimide. Isso é um erro que muitos cometem: sentir-se intimidado e não se permitir.

A alegria de criar algo tangível a partir do intangível é uma das experiências mais gratificantes que tive na vida. Toda forma de expressão que encontrei contribuiu para meu autoconhecimento. Então, desde o começo, assim que comecei a tocar guitarra, eu queria escrever músicas. Queria me expressar, ainda que para ninguém mais além de mim. Queria ouvir meus pensamentos. Ao escrever livros, quis expressar meus pensamentos. Ao pintar, quis ver meus pensamentos. Todos esses são instrumentos de expressão.

Nem sempre foi assim — rejeitei a arte como um caminho de volta ao ensino médio.

Desde criança, eu desenhava em casa e, sinceramente, não entendia por que alguns não conseguiam. Eu tentava desenhar alguma coisa e, enquanto olhava para o que estava desenhando, meu olho se conectava à minha mão. Era natural. Quando comecei a frequentar a escola, fiquei muito confortável com minhas habilidades artísticas. No ensino fundamental, fazíamos um trabalho que chamavam de mapa de produtividade, que era um mapa de um estado mostrando as indústrias. Usávamos um grande pedaço de cartolina retangular de aproximadamente um metro, e toda criança temia fazê-lo. Eu terminava em cinco minutos — bastava olhar para o mapa que fazia uma versão ampliada à mão livre.

Apesar de ficar confortável com minhas habilidades artísticas, com o tempo, parei de me envolver com elas. Eu não estava motivado o suficiente, e acho que isso acarreta uma falta de empolgação. Eu não estava ansioso para me dedicar. Assim, quando cheguei à High School of Music and Art — que tornava necessário que eu me deslocasse do Queens para Manhattan para frequentá-la —, conheci pessoas que não eram apenas boas como eu, mas muito melhores. Isso só fez com que eu me comprometesse muito mais com a música, algo em que nunca parei de trabalhar.

Nunca fui bom em tomar rumo. Nunca fui bom em lidar com figuras de autoridade. Nunca fui bom em trabalhar de acordo com o cronograma de outra pessoa. No entanto, ninguém trabalha mais, fica mais motivado ou desperta mais confiança do que eu. Mas, tirando o que *escolho* fazer, não sou muito bom em me adaptar às regras dos outros.

Não acho coincidência o fato de que a maioria dos grandes pintores modernos, antes de entrar em fases abstratas, tenha aprendido técnicas da pintura realista. Para esses artistas, foi um chamado. Era algo que se sentiam compelidos a fazer. E o caminho para muitos deles, eu acho, foi ter começado na escola de arte sob treinamento. Entendo, e é provavelmente o que torna o trabalho deles atemporal, profundo e maravilhoso. Dito isso, não sou desse tipo. Embora eu ache todos esses grandes artistas inspiradores, não tenho tempo, paciência nem recursos para praticar. Eu não aspirava a me tornar pintor.

Voltei a pintar por diversão, como forma de me expressar sem ser julgado ou tentar agradar às expectativas alheias. Portanto, hoje faço isso sob uma perspectiva diferente. Pintar, sem treinamento no meu caso, satisfaz uma necessidade minha, e o resultado criativo é satisfatório do jeito que é. Nunca fui do tipo que segue o manual e também estou ciente de que nunca serei um Picasso, o que não tem problema algum.

Isso não significa que minhas pinturas não possam despertar o interesse das pessoas, como o trabalho dos grandes pintores. É muito gratificante quando alguém se conecta a uma das minhas pinturas. Mas eu não tenho a mesma base nem a educação dos pintores contemporâneos. Quando voltei a pintar, não tive orientação, e gostei muito. Pode parecer que estou me contradizendo, mas apreciei a pureza de descobrir por conta própria. É importante que cada um de nós conheça a si mesmo e não tente ser algo que não é — o que se aplica a todas as áreas da vida. Eu nunca serei um grande pintor. Seria inútil tentar. Não consigo fazer isso. E, no entanto, pintar da maneira como faço, dedicando esforço e paixão, mesmo que esteja ciente das minhas limitações, funciona.

É loucura buscar a perfeição ou não se contentar com menos do que isso — porque, assim, seremos sempre infelizes. A verdade é que não se trata de nos contentarmos com menos, mas de lidar com a realidade. Percebi, durante os últimos 20 anos, que nada na vida é perfeito. Se aceitarmos as imperfeições da vida, veremos as coisas de forma mais realista. A felicidade é fruto de aceitar a imperfeição e saber lidar com ela.

Não é negativo dizer que o mundo é imperfeito, que os relacionamentos são imperfeitos, que a vida é imperfeita. Se abraçarmos essa perspectiva, deixaremos de desejar um ideal que sempre nos deixará insatisfeitos. Nós não estamos sonhando mais baixo. Estamos aceitando a realidade. Isso é muito bom.

O mundo é maravilhoso, apesar das imperfeições — ou até mesmo por causa delas.

Obviamente, a vida também nos direciona de outras formas. Todos somos confrontados com prazos, bem como com obrigações ou responsabilidades que fazem parte do dia a dia. Para mim, limitar nossa produtividade a horários ou a demandas — que era como funcionava na escola de arte — parece contrário à criatividade. Em parte, isso foi devido à minha busca contraprodutente pela perfeição. Mas, sem, dúvida, como adolescente, eu não queria que meu hobby, que eu praticava de maneira espontânea e livre, se tornasse uma obrigação.

Com o tempo, a música me ensinou que é possível aproveitar essa espontaneidade. Mas não podemos depender da inspiração — temos que usá-la como ferramenta. Se esperarmos pela inspiração, provavelmente faremos muito menos e seremos muito menos criativos.

No início do KISS, nosso empresário me disse que precisávamos fazer outro álbum — que eu precisava escrever mais músicas, e logo.

Respondi: "Bem, não estou me sentindo inspirado agora."

E ele retrucou: "Quando eu mostrar suas contas, você se sentirá inspirado."

O truque é administrar tanto a inspiração quanto a criatividade sem comprometer nenhuma das duas — certamente, quero ter orgulho de tudo o que faço, mas também quero manter a criatividade fluindo constantemente.

Não tenho muitas músicas que deixei de gravar, porque não houve um momento do processo criativo em que achei que muitas delas não eram tão boas. Quando começo a explorar uma ideia, seja um riff ou uma sequência de acordes, se valer a pena, arrisco uma melodia. Mas, se não, dispenso logo. Ao escrever a melodia e a letra, gravo e escuto e, se pensar *Não está bom o suficiente*, descarto a ideia. Parece inútil concluir algo que sei que não está à altura dos meus padrões, quando eu poderia usar o tempo fazendo algo mais valoroso. Melhorei muito nesse aspecto. No início, eu insistia mais antes de abandonar as ideias. Dizem: "Crescemos rápido, mas demoramos a aprender." À medida que envelhecemos, fica mais claro que o tempo que investimos em algo nunca volta.

O tempo se torna mais precioso à medida que avança. Isso remonta à ideia da esteira da vida. Nunca recuperamos o tempo que usamos em algo que já sabemos que não vale a pena — assim como nunca recuperamos o tempo desperdiçado em um relacionamento sem futuro.

Qual é o sentido de buscar algo se é apenas um exercício de mediocridade? É perda de tempo.

Nos velhos tempos, eu passava horas com o gravador cassete, completamente imerso nas composições, deixando minhas mãos livres, analisando os resultados e gravando por cima das fitas. Até hoje, que a capacidade para gravar é ilimitada, trabalho da mesma forma. Porque mais importante do que a capacidade de armazenamento é o tempo.

O tempo é a única coisa que não podemos comprar.

Toda atividade criativa com que me envolvo desperta minha necessidade de evoluir e exige que eu dê o próximo passo. Então, seja composição musical, pintura ou qualquer outra coisa, cada passo que dou me motiva para o próximo. E eu não poderia ter feito nada do que faço hoje há um, cinco ou dez anos. A empolgação é a inspiração que provém de algo que fiz ontem, o que me leva ao que posso fazer hoje — geralmente, algo que eu não teria concebido ou criado. É um processo constante de evolução que se desenvolve a partir de si mesmo.

Houve uma época em que eu ficava decepcionado após as turnês ou a gravação de um álbum, porque tinha trabalhado muito para abrir os canais criativos, e eles se fechariam e eu teria que começar tudo de novo. Quando algo está encaminhado, quando está acontecendo, o ritmo tende a preservá-lo, e ter que parar por qualquer motivo significa ter que recomeçar. Descobri que manter esses canais criativos abertos acelera o progresso. Quando esquio, tenho que tomar cuidado ao ganhar velocidade, mas não preciso ter o mesmo cuidado ao pintar ou compor.

Quando abrimos uma torneira e deixamos a água turva e enferrujada sair, viabilizamos o processo simplesmente deixando-o acontecer. E, quanto mais ele flui, menos chance temos de voltar à estagnação. Tudo está conectado. Essas mesmas leis se aplicam a tudo. Assim como a criatividade e a identidade — tudo está interligado. Manter minha criatividade fluindo, assim como minhas emoções, afeta a forma como vejo e lido com as pessoas.

Quando as torneiras se abrem, vemos o mundo de maneira diferente. Abrimos mão de concepções, opiniões e ideias antigas. À medida que nossa visão fica mais clara, enxergamos de forma mais ampla. Mudamos de perspectiva sobre o que é importante nos relacionamentos e o que não é, pois, quando encontramos a felicidade de várias formas, damos menos importância ao que era importante antes. A importância mal atribuída a relacionamentos ou prioridades diminui e cessa à medida que descobrimos escapes que nos enriquecem e nos ajudam a definir quem somos.

Quanto aos elementos práticos, para sermos mais criativos, precisamos de um tempo sozinhos. A essência da criatividade está sempre presente porque está dentro de cada um de nós. Está dentro de mim. E a única variável é o quanto o ambiente a sabota. Algumas pessoas precisam de uma cabana na floresta com pássaros cantando e um riacho murmurante; mas eu não acredito que tenha a ver com o lugar; tem a ver com a mentalidade. Se mergulhamos no que fazemos, é apenas questão de saber se o ambiente nos permite ou não ser criativos. Não nos inspiramos por estarmos longe ou dentro de casa. Qualquer ambiente pode nos limitar. Temos que nos livrar dessas limitações o máximo possível para que possamos nos concentrar e permitir que a inspiração venha de dentro.

Tento dedicar o mesmo tipo de entusiasmo e inspiração a tudo. Não pretendo me tornar chef profissional, nem fazer da pintura meu trabalho principal. Ainda assim, acho válido dedicar energia a essas atividades. É essencial, pois o que descobri, e que foi reafirmado ao longo dos anos, é que, toda vez que encontro outro meio de me expressar, fico muito mais feliz — passo a achar a vida muito mais interessante.

Voltei a pintar, depois de ter abandonado o desenho e outras formas de arte visual, porque a pintura é mais dinâmica: lida com diferentes texturas, cores e aplicações. Assim, é uma forma de expressão mais eficaz e abrangente. Para mim, desenhar acabou se tornando unidimensional, enquanto a pintura é um meio de expressão muito mais profundo, devido à complexidade.

Pinto com cores vibrantes sem definir nenhum tipo de padrão para combiná-las. Um campo de flores silvestres sabe alguma coisa sobre combinações de cores? Não, mas de algum modo suas combinações funcionam e afirmam a beleza da harmonia por meio da diversidade. Eu pinto com a alma. As cores legitimam a vida. E, quanto mais eu pinto — quanto mais essa concepção se manifesta em minhas pinturas —, mais vejo sua autenticidade. Quanto mais pinto e percebo como enxergo a vida, mais acredito nessa concepção.

E, quanto a conceber o mundo de maneira diferente a cada dia que passa, entendo que as cores que uso quando pinto influenciam outros aspectos da minha vida. Recentemente, fiz uma maravilhosa massa de campanelle com salsicha, brócolis de rabe e farinha de panko torradas. Ficou excelente. Por algum motivo, até aquele momento eu havia negligenciado uma das regras básicas ao cozinhar legumes: preservar a cor vibrante dos vegetais, como o brócolis. Dessa vez, após branquear os brócolis de rabe, coloquei-os em água gelada, e eles mantiveram sua cor verde brilhante. Agora, minha comida é como minhas pinturas. E, se e quando eu compuser músicas novamente, acrescentarei ao processo tudo o que fiz desde a última vez que compus.

Não tenho dúvidas de que as músicas terão cor.

A beleza dos escapes criativos é que eles nos permitem manifestar nossa perspectiva e, quando produzimos, nós a validamos. Quando fazemos belas músicas ou obras de arte, o mundo fica mais bonito. Entretanto, é claro, precisamos de um gatilho, e nem sempre esse gatilho é algo que nos faz bem. Quando comecei a pintar, por exemplo, algumas das minhas primeiras criações eram quase como exorcismos — eu precisava extravasar aquilo para seguir em frente. Esse processo foi uma maneira catártica de seguir em frente. Eu me enforcaria se 20 anos depois estivesse pintando coisas similares. Foi uma maneira de extravasar, de reconhecer e encarar como eu me sentia, uma maneira de trazer à tona um sentimento e enfrentá-lo. Eu não queria me sentir daquele jeito, mas, às vezes, precisamos reconhecer e admitir o que sentimos para seguir em frente. Essas primeiras pinturas evidenciam muitos dos ressentimentos que eu tinha e, no entanto, hoje as acho maravilhosas — por serem um indicativo de onde eu estava. Assim como ir à rua onde morei, em Washington Heights, e ver meu antigo apartamento. Eu estava lá, olha aonde cheguei. Os tempos ruins, as mágoas, se foram. Posso ver o quão longe fui.

Vejo exemplos semelhantes quando me lembro de algumas músicas que compus. De modo geral, eu estava desconfortável com o álbum *Carnival of Souls*, do KISS. Meu problema com ele era que nunca pretendi escrever músicas que falassem de insatisfação e infelicidade ou que concebessem o mundo de forma negativa. Vestir essa roupagem parecia falso e artificial — porque acredito em lutar pelas coisas e em ser otimista. Entretanto, em meio a essa melancolia fajuta e à turbulência do meu divórcio, tive uma epifania criativa, que utilizei. Percebi que a única pessoa para quem eu podia jurar que sempre estaria presente era o sangue do meu sangue: Evan. Então, há uma música nesse álbum — "I Will Be There" — que atesta meu compromisso com meu filho e reconhece que, embora algumas coisas sejam passageiras, meu amor por ele não é uma delas. Agora posso ver aonde cheguei e dizer que cumpri essa promessa — mesmo com meus problemas e adversidades.

Meu atual projeto musical paralelo, o Soul Station, é outro tipo de escape criativo — um desses cenários improváveis. A ideia original era ouvir algumas das minhas músicas favoritas e ter uma banda diferente de todas as que já tive, com todas as etnias e influências possíveis, trompistas, backing vocals e dois tecladistas; essa maravilhosa diversidade unida por uma paixão por soul das antigas e R&B. Tem sido revigorante e muito animado, e todos nós amamos muito a banda. Celebrarmos por meio dessa união é outra prova incrível do que todos somos capazes de fazer. Essas figuras tocaram com todo mundo. Conhecê-las, o que nunca teria acontecido em outras circunstâncias, e compartilhar momentos com elas é uma dádiva.

É claro que todos têm oportunidades, de alguma forma, e, ou as jogamos fora ou tiramos vantagem delas. Não que todo mundo vá montar um Soul Station, mas todos têm seus desejos, e, ou vivemos aterrorizados pelo fantasma do "e se..." ou corremos atrás deles. O Soul Station é mais um exemplo de como nossa vida se torna mais preciosa quando nos aceitamos e vivemos por um propósito.

O Soul Station me dá a oportunidade de ouvir músicas que adoro, que são uma parte muito importante da minha base e formação musical, tocadas ao vivo com empolgação, muita alegria e comprometimento. Já seria ótimo só ouvir as músicas, mas fazer parte da banda é ainda mais incrível. Ser um dos integrantes e fazer parte disso é instigante. E não apenas as pessoas se encantam com a autenticidade do grupo, mas eu também me encanto com ser parte dele. Como em muitas outras coisas que fiz, não percebi a grandeza do que eu poderia conseguir se tentasse fazer algo diferente ou se enxergasse além.

A banda não só me fez perceber como a vida é bonita como me deu um novo horizonte. Ela me trouxe amigos e parceiros que eu nunca teria conhecido, e todo seu apoio — e o sentimento é recíproco.

Na vida, procuramos respostas no mundo, em vez de tentar encontrá-las dentro de nós mesmos. Ao final de cada dia, a sensação de pertencimento e de saber quem somos e onde estamos, e que somos amados e valorizados, é o mais importante para uma vida muito mais gratificante. Podemos vivenciar esses sentimentos de diversas maneiras. Esse incrível grupo de músicos de diversas origens, que se juntou a mim para homenagear um estilo tão importante para todos nós, se tornou uma dessas maneiras. E, além disso, compartilhamos momentos, socializamos e jantamos juntos. Eu cozinho para eles. Estamos todos aproveitando o melhor uns dos outros, o que alegra nossa alma e nos completa.

Se eu não tivesse dado os passos que levaram à criação do Soul Station, nunca teria vivido essa experiência. Tudo começa com um primeiro passo, e o que o torna tão significativo é aonde ele nos levará. Originalmente, a ideia era levantar fundos para a escola dos meus filhos, então reuni uma grande banda para fazer covers de clássicos do rock. No ano seguinte, achei que adoraria fazer isso, já que minhas raízes estão tanto no soul da Filadélfia e na Motown quanto no rock britânico. Dei alguns telefonemas e reuni os integrantes. Foi tão divertido, que, depois de um ano, nasceu o Soul Station — uma genuína banda de estrada.

Então, o primeiro passo foi me permitir fazer algo de que as pessoas ao meu redor duvidariam. Quando contei ao pessoal do som que trabalhou com o KISS que eu faria uma banda no estilo Motown-R&B da Filadélfia, eles perguntaram: "Quem vai cantar?"

Quando respondi "Eu vou cantar", eles me olharam como se eu estivesse louco.

Bem, após o primeiro show, disseram: "Cara, estávamos errados."

Rod Stewart esboçou a mesma reação: "Quem vai cantar?"

"Eu", respondi.

"Você aguenta essas músicas?", perguntou.

Quando lhe mostrei uma gravação ao vivo, seu queixo caiu, e ele abriu um largo sorriso e disse: "Uau!"

Por que não?

O primeiro passo é nos permitirmos. Como tudo que fiz, não posso imaginar *não* ter o Soul Station, não pintar ou não cozinhar. Posso fazer uma lista de coisas indispensáveis. Essas atividades se tornaram essenciais a quem sou.

Isso é o que todos precisam encontrar para si mesmos. Nós nunca saberemos como será, a menos que nos permitamos descobrir. Se você está pensando em explorar algo, vá em frente! Você tem muito mais a ganhar do que a perder.

Se ficarmos parados, viveremos arrependidos. Prefiro correr o risco de fracassar. Porque até o fracasso nos leva a algum lugar. Não fazer nada não leva a lugar nenhum.

Algo que as pessoas têm comentado cada vez mais nos shows do KISS é: "Caramba, nunca vi Paul sorrindo tanto. Parece que ele nunca se divertiu tanto no palco."

É verdade. Levo a mesma alegria para o KISS.

Levo muito a sério o que faço na banda e dou 100% de mim, o que pode não ser o mesmo que era há 40 anos, mas a alegria de subir ao palco, de tocar com aqueles caras, e de todos os outros aspectos da minha vida, significa que subo ao palco mais feliz com o KISS hoje. Isso melhora minha performance, torna a apresentação mais significativa e dá às pessoas uma noção muito mais completa da banda. Tira o caráter unidimensional. Esse momento revela um ser humano alegre e satisfeito.

Tudo o que faço é para celebrar a vida. Tudo o que faço é uma confirmação do meu potencial. A pintura é uma celebração da vida, porque evidencia um escape criativo, tornando tangível o intangível. O teatro é uma celebração da vida, porque mostra o potencial que todos temos para explorar diferentes aspectos de nós mesmos. Com o KISS é a mesma coisa. Não vejo diferença.

A maneira como vivemos é uma celebração da vida — ou deveria ser. Tudo em que estou envolvido e toda a paixão e energia que coloco nesses afazeres legitimam a vida em geral.

Sou fascinado pela vida.

Quando o KISS começou, não era uma celebração da vida, mas do direito de ser você mesmo e seguir seus sonhos. Não se tratava de uma rebeldia sem motivo, mas de lutar contra o *status quo*, contra o sistema. Esse foi o foco durante muito tempo. Quando alcançamos esse objetivo de maneira ampla, aí sim tornou-se uma celebração da vida. Nós nos tornamos a prova viva de que você pode acreditar em si mesmo, trabalhar contra o sistema e vencer. É isso o que o KISS comemora hoje. E, se conseguimos fazer isso, você também consegue.

No começo da vida, muitos de nós acabam sendo mais robóticos, autômatos. Porém, em algum momento, nos tornamos mais humanos. Talvez uma das razões pelas quais me sinto mais jovem do que sou seja devido a eu ter a impressão de ter perdido as primeiras etapas da vida. Minha infância foi vivida como se eu tivesse uma idade mais avançada. Sim, eu não me sinto com 67 anos. Talvez porque muitas das coisas mais significativas para mim tenham acontecido mais tarde.

Não é justo dizer que me sinto jovem, porque, quando eu era, não tinha essas emoções positivas. Eu vivo melhor agora. Naquela época, eu era jovem em idade, mas meu espírito era velho e despedaçado.

Por mais piegas que pareça, minha vida é cheia de maravilhas. Essa é a realidade. A empolgação não acaba. Nunca sei aonde a vida me levará. E viver dessa maneira é uma decisão, uma escolha — e essa é a principal lição deste livro.

Gosto quando as pessoas são surpreendidas por algo que faço e me perguntam: "O que vem a seguir?" Não faço ideia. Mas são esses novos desafios que nos definem. Talvez hoje não tenhamos consciência de para onde vamos ou do que faremos. Mas é assim que nos conhecemos — pelos desafios que enfrentamos, pela postura que adotamos e pela forma como lidamos com os imprevistos.

Como podemos nos definir? Quanto mais coisas fazemos, melhor conseguimos nos definir. Sou muito grato e me sinto incrivelmente satisfeito por ter pontos de vista criativos que nunca havia considerado, o que me faz pensar que não tenho ideia do que virá a seguir.

Posso ver o final? Com certeza. Como eu disse, entendo a vida como uma esteira, e me lembro de sentir todos à minha frente. Agora, vejo que a maioria está atrás de mim. Isso significa lidar com nossa mortalidade e com o fato de que quando somos mais jovens, a vida parece infinita. Nós simplesmente não conseguimos conceber seu fim.

Quando começam a perceber sua finitude, as pessoas tendem a buscar Deus. Para muitos, é inconcebível pensar que o mundo continua sem eles, por isso precisam acreditar, com ou sem razão, que vão para outro lugar depois da morte. Eu certamente não posso dizer se isso é verdade ou não, mas é da natureza humana acreditar que o mundo gira em torno de nós.

Acredito em Deus, mas não por achar que vou para algum lugar depois daqui. O conceito de Deus — seja o que for para cada um — simplesmente torna o mundo mais bonito. Não sei o que é Deus, não sei onde estamos, mas acreditar em Deus me dá um senso de segurança e deslumbramento.

Uma das coisas que me surpreendem é o fato de que certos fãs, em fases delicadas de sua vida, querem se conectar comigo. É honroso, embora seja difícil compreender a grandeza do meu papel em um momento como esse. Cerca de um ano e meio atrás, recebi uma ligação de uma mulher cuja amiga era casada com um homem que estava nos últimos dias de vida. Ele era um grande fã do KISS. Tinha sido chef em um restaurante perto de onde moro. Fui à casa deles para falar com ele. Foi difícil encarar a realidade de que essa vida incrível e os planos desse homem, que, tenho certeza, eram tão grandiosos e abrangentes quanto os meus, estavam com os dias contados. Fui ao seu encontro e disse a ele que ninguém podia lhe dizer o que fazer, que eu estava com ele e que acreditava que nos encontraríamos novamente.

Sempre que conheço pessoas que estão passando por essas situações difíceis, sinto a necessidade de lhes dizer que cabe a elas decidir o que acontecerá a seguir e que, independentemente do que decidirem, eu as apoio. Inspirar alegria, esperança ou força é uma dádiva. Eu nunca tive a oportunidade de me sentir assim com alguém. É difícil explicar como é emocionante fazer com que alguém se sinta assim apenas com a minha presença.

Há alguns anos, me ligaram dizendo que um jovem em um hospital queria falar comigo. Liguei para ele, disse que ele estava nas minhas orações e o consolei. Essa batalha não é de mais ninguém, só sua, eu disse a ele, e você deve decidir qual é sua posição nela. Se sente que é hora de partir, ninguém melhor do que você sabe, e ninguém pode julgá-lo. Se isso faz sentido para você, apoio sua decisão.

Liguei de volta alguns dias depois e recebi a notícia de seu falecimento. Sua mãe me disse que ele apenas esperou para falar comigo.

Não há fim do jogo. Não há ponto final ou linha de chegada.

Sempre imaginei a morte como uma passagem por portas vai e vem em uma maca. Você passa por elas e nunca mais volta. É quando, até onde sei, termina. Até lá, viverei cada momento. Essa é a única linha de chegada que não leva a outra. Posso aconselhá-lo a tomar decisões sábias em relação à sua saúde e segurança, mas, a respeito dessa linha de chegada em particular, não posso dizer nada. Porém posso garantir que, até chegar lá, tenho muito o que dizer sobre o percurso. E me certificarei de estar sorrindo ao cruzá-la.

CODA

Pode ser que alguns fãs do KISS sejam médicos, e que outros até precisem deles, mas o que os conecta é seu amor pela banda. O que os membros dos fã-clubes KISS Army e KISS Navy fazem para mostrar sua lealdade é lendário. Quando me mostraram meu rosto maquiado tatuado no corpo, foi fantástico. Isso reforça minha responsabilidade — devo honrar meu compromisso com eles.

Pode soar brega, mas o que me trouxe até aqui foi acreditar em mim mesmo, a necessidade de atender às exigências das pessoas que me colocaram onde estou e às minhas, e uma alegria imensa por fazer o que faço.

O KISS sempre foi menosprezado, e a banda procura ser um amparo para aqueles que são como nós. Queremos inspirar as pessoas com as nossas realizações. Sempre fomos implacáveis na busca por nossos objetivos, e o público sente a natureza genuína de nossa paixão. Essa filosofia embasa tudo o que fiz ao longo de mais de 2.500 shows. Dei tudo de mim em cada um deles. Nada substitui o comprometimento de um artista, não há como fingi-lo.

O mesmo vale para a vida.

Temos que concluir nossos afazeres de maneira adequada — nunca menos do que isso. Acho que podemos encontrar maneiras de enganar outras pessoas, mas, em última análise, isso prejudica a forma como nos vemos. Se não fizermos o melhor trabalho que pudermos, fica mais difícil nos encararmos no espelho. Devo a mim mesmo fazer o melhor. Você deve o mesmo a si. Todos devemos, a nós mesmos, fazer isso. E há uma recompensa nisso: construímos um senso de identidade e levamos para casa um sentimento grandioso quando damos nosso melhor.

Como eu disse, não conseguimos nada valioso sem esforço, e mensuramos o quão importante algo é para nós pelo quanto estamos dispostos a trabalhar para conquistá-lo. Mas eu tive que descobrir *como* trabalhar em função de metas — e descobri que tudo é realizado de maneira gradual. Para termos uma sala limpa, devemos começar varrendo o chão. E essa é a maneira mais eficaz de lidar com a vida: veja o que precisa ser feito e comece, um passo de cada vez.

Uma das coisas boas de começar algo novo, seja entrar em forma ou abrir um negócio, e dar um passo de cada vez é que o objetivo parece bem mais acessível. Se eu soubesse de quanto tempo precisaria para me tornar um bom guitarrista, nunca teria começado a tocar. Quando vejo a agenda de uma turnê e percebo que faltam 100 shows, começo a suar. *Como vou fazer isso?* Bem, faço um show de cada vez — um único show, 100 vezes. O mesmo aconteceu com a terapia: frequentei algumas sessões para obter algumas respostas há 40 anos. Se eu soubesse que precisaria descobri-las eu mesmo e que não havia solução rápida, provavelmente teria enchido a cara.

CODA

O mesmo vale para uma cirurgia, por exemplo. Procuro não ter medo, pois sei que só me recuperarei depois que passar por ela. Eu entendo lesões como pequenos contratempos para viver minha vida ao máximo. Se continuarmos avançando, em algum momento, perceberemos aonde chegamos. O primeiro dia foi um saco. A primeira semana foi um saco. Mas aqui estou, duas semanas depois! Seja uma cirurgia ou qualquer outra coisa, espero que aconteça logo para que eu possa estar à frente, um dia mais próximo dos meus objetivos. Não podemos fazer nada que não estejamos dispostos a começar.

Hoje, o KISS é uma tribo, e, diferente da maioria das bandas que têm muitos anos de estrada e milhares de fãs, não discriminamos ninguém. Se o irmão ou a irmã mais nova de um fã aparecer, o pai ou a mãe, a avó ou o avô, tudo bem. É mais um membro da maior festa do mundo, de uma sociedade secreta que muda sua vida e celebra a existência, e talvez algo que você queira compartilhar com alguém. Somos multigeracionais e nos orgulhamos disso. O KISS há tempos vem sendo considerado "uma banda do povo" por causa da legião de fãs que conquistamos e do espírito de celebração presente em tudo o que fazemos.

Nós não pregamos, nós inspiramos.

Essa é uma forma elaborada de dizer que sou um homem comum bem-sucedido. Acho que as pessoas se inspiram em mim por se enxergarem em mim, por se identificarem com minhas virtudes e meus defeitos. Ou seja, se eu consegui, talvez todos consigam, basta um pouco de orientação e apoio. Isso também explica por que este livro é um apanhado geral. O que descobri é que não se trata do que podemos realizar, mas de como podemos realizar.

No meu caso, não atribuo meu sucesso a um padrão predeterminado de como malhar ou se alimentar mais do que o atribuo ao pensamento positivo. Esse padrão faz parte disso, é claro, mas o fator principal é o ponto de vista — uma maneira de encarar o cotidiano e ter controle sobre a minha vida.

Tento aplicar a mesma determinação e paixão até mesmo em situações que alguns consideram triviais. Algumas pessoas acham que preparar uma boa refeição em casa não colabora com nossa carreira, por exemplo. Mas ajuda: tudo está conectado, e quando adotamos esse ponto de vista para determinada situação, influenciamos todo o resto — e elevamos o nível de tudo o que fazemos.

O rider do KISS — a lista de itens que os produtores são obrigados, por contrato, a nos fornecer nos bastidores — mudou muito ao longo dos anos. Antigamente, pedíamos champanhe só para o caso de bater uma vontade. Então resolvemos mudar para Dr. Pepper. Nosso rider hoje em dia é surpreendentemente sem graça. A única droga que exigimos nos bastidores é Ibuprofeno. Mas parte das recompensas que o sucesso traz é um conhecimento excepcional, lições aprendidas, realizações e epifanias em muitos aspectos da vida, não apenas na música e nos negócios. Não que eu me limite pelo que se considera um comportamento "adequado à idade", mas fico feliz em ter prioridades diferentes — por ser um pouco mais sensato.

Provavelmente é por isso que, com certa frequência, as pessoas vêm até mim e dizem coisas do tipo: "Você foi minha inspiração para que eu me tornasse médico" ou "Você me ajudou a passar por um momento muito difícil". Recentemente, conheci um cara que me disse ter sobrevivido ao câncer duas vezes. O que o fez superar a fase em que não conseguia sequer sair do sofá, ele me disse, foi ouvir KISS. Acredito sinceramente que todos podemos nos inspirar para nos tornarmos o melhor que podemos ser, para nos conhecermos bem, seguindo o exemplo do próximo. Podemos usar a paixão e a determinação para tudo na vida.

Parte da dificuldade que sentimos decorre da sensação de que enfrentamos nossas lutas sozinhos. Mas, se nos abrirmos para as pessoas certas, descobriremos que há muito o que receber ao nosso redor, pois enfrentamos os mesmos problemas. Quando idolatramos alguém, tendemos a ver essa pessoa como perfeita, e eu gostaria que as pessoas entendessem que, para chegar aonde cheguei, trabalhei muito, sofri e enfrentei muitos fracassos.

Eu consegui tudo? Sim, realmente consegui. Consegui a satisfação de ter um trabalho excelente e uma família maravilhosa, e ambos se complementam. Mas qualquer um pode conseguir tudo. As pessoas. ao se render e se acomodar em relacionamentos, em empregos, na própria vida, se comprometem. Mas a verdade é: podemos conseguir tudo. E devemos a nós mesmos, pelo menos, tentar.

Desejo que todos sejam bem-sucedidos.

O topo da montanha é grande. Há espaço para todos.

Lembre-se de que nossas histórias não têm fim — sua história não tem fim. Em algum momento, ela simplesmente passa a complementar a de outra pessoa e é transmitida para as próximas gerações. Cabe a você amar a própria história.

ADENDO

A vida pode e deve ser uma aventura de descobertas, e, para mim, o que as torna possíveis e motivadoras é a família. E com família me refiro tanto aos parentes quanto àqueles que consideramos como tal. Meu desenvolvimento e a maneira como me vejo continuam sendo reflexo de minhas interações e do apoio que recebo das pessoas que tenho a sorte de ter ao meu redor. Eu seria negligente e talvez nem merecesse sua amizade se não reconhecesse o quão profundamente Gene e eu somos unha e carne. O amor e a amizade verdadeira são construídos ao longo de anos de ações e reações. Não há substituto para o tempo, e ele, de fato, diz tudo. Quando fiz a primeira cirurgia para reconstruir minha orelha com a cartilagem da costela, Gene pegou um avião para me ver no hospital — apesar do intenso medo de voar que ele tinha naquela época. Quando me separei da minha primeira esposa e não sabia para onde ir, Gene me recebeu em sua casa, sem hesitar, e morei lá por meses. Ele pagou por uma grande festa de aniversário surpresa quando fiz 61 anos, e não queria que eu descobrisse que foi ele. É uma lista infinita, assim como a profundidade da nossa amizade.

ADENDO

Quando Evan, meu primeiro filho, nasceu, a primeira pessoa que permiti que entrasse na sala de parto foi Gene. Para mensurar o quanto ele é importante para mim. Em 1994, durante um período muito tenso entre nós, quando mal conversávamos, Los Angeles foi abalada por um terremoto violento e devastador. Independentemente da nossa situação pessoal na época, assim que me recuperei do espanto, a primeira pessoa para quem liguei foi Gene.

E aqui estamos, 49 anos depois, ainda apoiando e implicando um com o outro. Ele agora é um homem feliz e casado, com uma família que, anos atrás, não estava em seus planos, ideia que tampouco o atraía. Mas não é isso que torna a vida tão valiosa e empolgante? Nunca sabemos que surpresas o futuro reserva, mas as oportunidades que se abrem para nós nos preparam para abraçá-lo, se nos permitirmos aproveitá-las.

Gene e eu brigamos? Com certeza. Discordamos? Na certa. Mas essas divergências são muito pequenas e passageiras, dado o que temos, o que compartilhamos e o que construímos.

Não compreendo certas coisas que Gene faz. Não concordo com algumas das atitudes que ele toma, mas o tempo diz tudo, e me considero abençoado por tê-lo como uma pessoa tão importante em minha vida — e por ter sido esperto o suficiente para perceber isso.

Conheço muita gente. Aqueles que considero meus verdadeiros amigos, meus dez dedos são suficientes para contar — o que me leva àqueles que amo. Posso contá-los nesses mesmos dez dedos e ainda sobram alguns. Sou muito grato por Gene entrar nessa segunda contagem, com minha família.

ADENDO

Acredito que, se não reconhecemos a importância das pessoas que estão conosco, não somos dignos delas.

O potencial que a vida tem fica muito mais valioso e significativo quando reconhecemos as bênçãos que recebemos, descobrimos as inúmeras que estão por vir e as proporcionamos aos outros.

E vamos em frente.

Este livro foi impresso nas oficinas gráficas da Editora Vozes Ltda.,
Rua Frei Luís, 100 – Petrópolis, RJ.